「自分に自信がある。」

そう胸を張って言えますか？

少なくとも18歳までの僕はそんな大層なことは言えませんでした。彼女も出来ず常に周りからの目線を気にしては落ち込み、なんとか持ち前の明るさだけで、コンプレックスに目をつぶって生きていました。

さらにテストを受けるにも、面接に臨むにも、女子と話すにしても自信がないから、緊張ばかりするし、ましてや逃げてばかりでした。それらには全て自信があることがとても重要なんです。ですがその自信が僕にはなかった。

ただ、とある休日に父親から古着のライダースを買って貰いました。

なぜその時そのライダースが欲しいと執拗に要求したのかは自分でもよく分からなかったのですが、買ってもらった高揚感から、自分のセルフプロデュースが始まったんです。

このライダースは何と一緒に着るとかっこよいだろうと。するとはじめは緩やかな変化だったものの、ある法則に気づき始めてから、みるみる周りからの反応が変わりました。そして自然と常に自分に自信がついていき、まるで全くの別人かのように変貌していったんです。

そこから年月が経ち、今では有難いことに日本一のメンズファッションインフルエンサーとして150万人のフォロワーさんにファッションのノウハウや生き方改善を発信し、YouTubeの合計再生数は1億7千万回を突破しました。

自分について〝分からないことが分からなかった状況〟が今では〝ファッションのとある法則〟のお陰で自分でも驚くぐらい大きく変わりました。

突然ですが皆さんはファッションの持つ威力をご存知でしょうか?
ファッションは意識次第で、人生を変え、環境を変え、自分を変えてくれます。そう、ファッションは1番簡単に印象を変化させられる人生にとって非常に強力なツールなのです。

ですが、実際のところ身近にファッションの先生がいる訳でもなく、友達や親がお洒落の正解を教えてくれる訳でもなく、なんの根拠もない生まれ持った感覚で洋服を選ぶしかない方が多いのではないでしょうか。

悲しいことに人の印象はほとんど外見で判断されがちだという研究結果があるにもかかわらず…

とはいえそこで諦める必要はありません。

実は人から「お洒落だね」と言われるために必要なのは、感覚ではなくある程度〝法則に当てはめながらアイテムを選んでいく〟ということだけでいいんです。これを実践すると、誰しもが抱えている様々なコンプレックスを軽減することも出来ます。

本書では出来る限りその法則を噛み砕いて分かりやすくご紹介しています。

まずは難しいなどファッションに対する誤解を解いていただき、自分次第でいくらでも変われることに気づいてください。

そのサポートを、全力で本書で行なっていきます。UNIQLOやGUのアイテムも沢山出てきますし、なにをいつ買えばいいのかなども本書に盛り込みました。

少し僕は変わっているのですが、誰かが幸せになればなるほど自分も幸せになっていく性格をしています。

6年間で発信し続けたファッションのノウハウの究極完全版を本書に詰め込みました。

また本書では文章だけではなく、コーディネート写真も多く掲載しています。僕は175㎝でほとんどトップスやアウターはMサイズ、パンツはSサイズを着ているので是非サイズ感も参考にしながら読んでみてください。

（165㎝の人はサイズを1つ下げて180㎝の人はサイズを1つ上げて考えて見てください。）

本書を通して1人でも多くの方がファッションによって人生を大きく変えるチャンスに出会っていただけると幸いです。

ファッションYouTuber げんじ

CONTENTS

CHAPTER4

season

この季節は何を着たらいいのか、で悩まない

CHAPTER5

color

かっこよく見える色は決まっている

CHAPTER 6
accessory

細部に気を配っている様子を小物で演出する

CHAPTER 7
originality

「ちょびこ」で個性を入れてお洒落をもっと楽しむ

CHAPTER 8

age

年代に合わせた服でお洒落を楽しむ

本書に掲載しているアイテムはすべて著者私物であり、現在入手できないものもございます。ご了承ください。

STAFF

デザイン 佐藤ジョウタ(iroiroinc.)
写真 山仲竜也(人物)
金山大成・渡邉茉那実(アイテム)
協力 田中春香
DTP 小川卓也(木蔭屋)

CHAPTER 1

key

9割の人からお洒落と言われる たった1つのコツ

1

お洒落と言われるコーディネートの法則

僕がコーディネートを考えるときに意識していることは「中和する」ということです。

この「中和」さえできれば、世の中の大半の方からは、「あの人お洒落だな」と思われるんです!!

では、この「中和」とはいったい何なのか。これからご説明いたします。

(決して理科の実験ではございませんのでご安心ください)

私たちが普段身に着けているアイテムには「綺麗めなもの」と「カジュアルなもの」があります。自分のコーディネートが、綺麗めとカジュアルの間になることを目指す、これが中和です。

なぜ間がいいのかというと、まずカジュアルなものばかり着てしまうと、若作りというか、大人っぽく見せるのが難しくなりがちです。

逆に綺麗めにばかり寄ってしまうと「キメすぎ」になってしまうんですね。あと「キザっぽい」印象に。

つまりカジュアルなほうに寄りすぎても綺麗めなほうに寄りすぎてもダメなんです。

でもカジュアルと綺麗めのどちらかだけにせず、混ぜ合わせれば、顔立ちとかスタイルの良し悪しなどに左右されず、簡単にコーディネートが決まるんです。

僕のお洒落の理想はカジュアルと綺麗めの天秤がちょうど同じくらいになることです。

これさえ意識すれば誰でも簡単にお洒落と言われるコーディネートができるんです。

まずこの章ではファッションの第一歩、綺麗めとカジュアルの間を目指す基本をお伝えしたいと思います。

カジュアルと綺麗めの間を目指す、
つまり中和するのがお洒落のポイント

2

中和されたコーディネートとは？

中和「＝トップス、ボトムス、靴、鞄など身に着けるものを全部カジュアルなもの、もしくは全部綺麗めなものにしない」というのがコーディネートをまとめるコツでした。

つまり世の中にあるアイテムが「カジュアルなのか、綺麗めなのか」を理解できればいいんです。見分けるポイントは次の3つ！

- アイテムの種類
- アイテムの色
- アイテムのシルエット

この3点を意識して、自分が持っている、または買おうとしているアイテムがカジュアルか、綺麗めかを判断する。そして身に着けるものがどちらかだけにならず、割合が50：50に近くなるようにする。これさえできれば、中和っていうのは余裕なんです!!

中和できているコーディネート

カジュアル	綺麗め
48	52

CHECK
カジュアル
アイテム

CHECK
キレイめ
アイテム

CHECK
キレイめ
アイテム

デニムジャケットがカジュアルなので、黒スキニーや革靴といった綺麗めなアイテムを合わせて中和しているコーディネート。ジャケットがゆったりめのため、袖はそのまま垂らさずに折って巻き、手首を見せて清潔感を出しているのも中和です。

Jacket / OUR LEGACY
T-shirt / United Athle
Pants / LIDNM
Shoes / Dr.Martens
Accessory / zZz(腰)

3 アイテムがカジュアルか綺麗めか判断する

ではまず1つ目のポイント、アイテムの種類から。物にはそれ自体に、これはカジュアルなもの、とか綺麗めなものという印象がすでにあるんですね。

- カジュアル↓動きやすいもの・はきやすいもの・着ていて楽なもの

例えばスニーカー・キャップ・Tシャツ・短パン・デニム・ジャージ・スウェット・リュックサック・サンダル・パーカー・Gショックのように大きめの時計、といったアイテムです。

- 綺麗め↓着るのがめんどくさい・これで過ごすとやや窮屈なもの

たとえばスーツ・ハット・シャツ・眼鏡・黒スキニー・革靴・スラックス・シンプルな時計、といったアイテムです。

似た印象のアイテムだけでコーディネートをまとめず、印象が異なる物を掛け合わせて、真ん中を目指すといいんです。

カジュアルなアイテム
パーカー
デニム
Gショック
トラックパンツ
リュック
スニーカー

シャツ
綺麗めなアイテム
革靴
黒の細ベルト
スーツ
革のバッグ
腕時計
アクセサリー
黒、白の靴下
黒スキニー

4 アイテムを意識して中和する

例えば、ニットとスニーカーを合わせたいと思ったとします。

ニットもスニーカーもどちらもアイテムの種類としては気楽でカジュアルなものだな、じゃあほかに綺麗めなアイテムを入れよう、と考えればいいんです。

さらに、パンツをデニムにすると全部カジュアルになってしまうな、じゃあスラックスにしよう！　これでカジュアルなアイテム・綺麗めなアイテム・カジュアルなアイテムが組み合わさって中和できたコーディネートが完成です。

世の中にはカジュアルなアイテムのほうが多いんですよね。革靴よりもスニーカーのほうがいろいろな形があってたくさん種類があります。

そのため、気がつくとカジュアルばかりになりがちなので、綺麗めのアイテムを入れることをぜひ意識してみていただきたいです。

アイテムで中和しているコーディネート

カジュアル	50
綺麗め	50

スラックスが綺麗めでニットとスニーカーがカジュアルアイテム。アイテムの種類で中和するだけでなく、このパンツにジャストサイズの黒のロンTを合わせるとかっちりしすぎるので、ゆるっとしたサイズのニットにしています。

Knit / BATONER
T-shirt / United Athle
Pants / GU
Shoes / CONVERSE

5

綺麗めを作る色とカジュアルになる色

2つ目のポイントは色です。誰かと会った時まず、ぱっと目に入ってくるのは服の色ではないでしょうか。そう、色でカジュアルか綺麗めかの判断をされがちなんです。

カジュアルな色とは、明るい色とか原色や蛍光色とか、派手な色など。例えば、赤・青・緑・オレンジといったカラフルな色たちですね。またチェックや柄物などもカジュアルに入ります。つまりこうなります。

- カジュアル↓「カラフル」「柄物」

綺麗めな色とは、とにかく白と黒。これに尽きます。あとは薄いベージュとか、深いネイビー(青)とか。つまりこうなります。

- 綺麗め↓「モノトーン」「落ち着いた色」

服の色は離れたところからでも分かる要素なので、ぜひ意識してみてください。

カジュアルなカラー

綺麗めなカラー

6

色を中和する

例えば、明るいオレンジのスウェットが着たいとします。スウェットというアイテム自体もカジュアル、色もカジュアル。カジュアルど真ん中のトップスです。そうするとデニムとかスニーカーとかカジュアルなアイテムを合わせて全体で雰囲気丸ごとカジュアル!!と持っていきたくなりそうですが、トップスがドカジュアルだからこそ、ほかのアイテムは綺麗めにするのが中和なんです!!

そこで、アイテムの種類も色も綺麗めな、黒スキニーと革靴を合わせてみます。黒という綺麗めな色で、全体で見るとカジュアルと綺麗めの間にくるようにしてみます。

ちなみにp.21のコーデはトップスと靴がモノトーン色で綺麗め、ボトムが柄でカジュアルとなっています。アイテムの種類とはそれぞれカジュアルと綺麗めが逆になっていますが、色だけ見ても中和しているんです。

色を中和しているコーディネート

カジュアル	綺麗め
52	48

CHECK
綺麗めな色

CHECK
カジュアルな色

CHECK
綺麗めな色

CHECK
綺麗めな色

パンツ・靴・鞄の黒で目立つオレンジ色を中和しているコーデ。また鞄や靴が革であることでもスウェットの素材や色の持つカジュアルさを中和しています。オレンジはカジュアルですが、かっこよさが演出できて、意外にコーディネートしやすい色です。

Sweatshirt / KaneZ
Pants / LIDNM
Shoes / Dr.Martens
Bag / LIDNM
Necklace / LIDNM
Accessory / zZz(腰)

7 シルエットで印象が変わる

最後の3つ目のポイントはシルエット、つまりアイテムの形です。

カジュアルなシルエットとは大きめでゴツい感じだったり、ルーズさが強調されたような形のものです。つまり着用したとき体型が分かりにくい、次のようなものです。

- カジュアル→「ゆったりしたもの」「ルーズめなもの」

綺麗めなシルエットとはまっすぐなもの、つまり縦の形が強調されているものや、ぴったりしたものです。つまり着用したとき体型が出やすい、次のようなものです。

- 綺麗め→「タイトでまっすぐなもの」

色に比べると意識していない場合が多いかもしれませんが、シルエットは、お洒落に見えるか見えないかの大きな鍵になるポイントと言えます。シルエットについてはCHAPTER 2で詳しくご説明いたします。

[キーワード]
- ルーズ
- ダボっと
- 大きい
- オーバー
- ワイド

カジュアルな
シルエット

[キーワード]
- かっちり
- タイト
- すっきり
- シュッと
- 細い

綺麗めな
シルエット

8

シルエットで中和する

例えば、白Tシャツにワイドパンツを合わせると、Tシャツもシルエットはルーズな感じで、パンツもゆるっとしたシルエットになります。つまり上下ともゆるゆる。Tシャツ自体カジュアルなアイテムなので、全体的にカジュアル感が強めになってしまう。

そこで、白Tシャツをパンツの中にタックインして綺麗めである縦のシルエットを強調すると、カジュアルに寄っていたバランスが、綺麗めのほうに戻ってきて、いい感じに中和できたコーデになります！

タックインにはサラリーマンがスーツでシャツをインするような真面目なイメージがあると思うんです。なので、タックインするときはお洒落でタックインしているということがわかるように、オーバーサイズのアイテムを選んだり、小物や色で遊ぶことが重要になります。

シルエットを中和したコーディネート

カジュアル	綺麗め
50	50

CHECK
カジュアルな
シルエット

CHECK
タックインで
キレイめ

CHECK
カジュアルな
シルエット

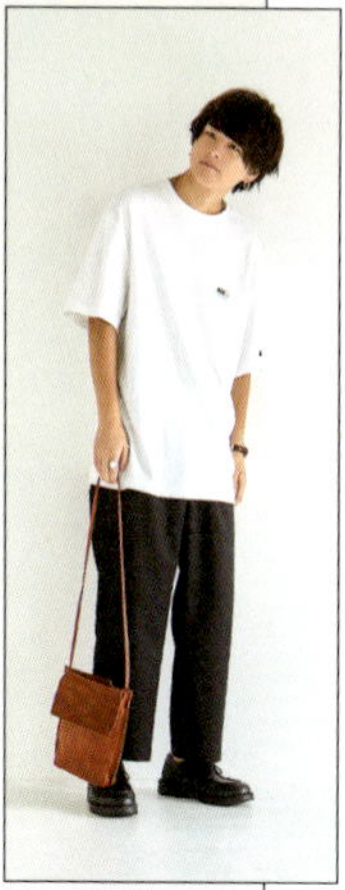

タックインはトップス1：パンツ2くらいのバランスになるようにするのが理想的です。なのでけっこうハイウエスト、おへその上くらいの位置でベルトを締めるとお洒落感が増します！　このコーデはさらに革靴で綺麗めを足しています。

T-shirt / Adererror
Pants / LIDNM
Shoes / KLEMAN
Bag / SLOW
Accessory / zZz(腰)
Watch / LOBOR

9 綺麗めとカジュアルの比率

ここまで、カジュアルなものと綺麗めなものを組み合わせて中間を目指す「中和」について、ご説明してきました。でもその2つの比率が難しいと思われるかもしれません。

カジュアルと綺麗めのバランスは、だいたい50：50くらいがおすすめですが、厳密でなくていいんです。ほぼカジュアルにすると左のようにゴチャゴチャしてまとまりがなく、ダサく見えたり、ほぼ綺麗めにするとこれからホストの営業開始？　と勘違いする程にキメすぎに見えると思います。

お洒落は人によって定義が違うけど、だいたい50：50に近付ける「中和」を守れば大概の方からはお洒落だと言われます。でも中和の法則だけではまだまだ未完全なんです。他にファッションで意識するべきポイントを本書でどんどんお伝えいたします。

良い例

色、アイテムとも中和されているコーディネート。オレンジ色がアウターの下に見えていてかっこいい。

Jacket／GU T-shirt／UNIQLO
Pants／LIDNM Socks／UNIQLO Shoes／Dr.Martens
Bag／LIDNM

悪い例

カジュアルすぎ

チェック、花柄、幾何学模様、しかも色もうるさく全体的に清潔感が感じられない、個性が強めのコーディネート。

キメすぎ

ステージ上ならいいかもしれないですが、気軽に出かける時だとキメすぎで自分に酔いしれているイメージ。

COLUMN 1

お洒落になるために実はもっとも重要なもの

突然ですが全身鏡は家にあるでしょうか？

ファッションを磨くにあたって超重要なのは実は、全身鏡なんです‼　自室に置いておくだけで超メリットがある。みなさん、全身鏡を侮っていませんか⁇

では全身鏡のメリットをお伝えいたします。

●自分を客観視できる

全身鏡があれば、洋服を着た後に自分で自分のシルエットを確認することができます。ダサい人に共通しているのは洋服を単体で見ているんですね。全身鏡がないと組み合わせたときどう見えるかの判断能力が鈍るんです。

● 写真に残すことができる

「いろいろな服を着回せている」というのが、あの人お洒落だなと思われることにつながります。全身鏡がないと自分の持っているアイテムの中でどういうコーディネートができるかというのが頭の中でしかイメージできず、コーディネートが限られてしまう。誰かに見せるわけでなくても、時間があるときに全身鏡に映る自分の姿をスマホで撮り、写真をカメラロールに残してみてください。コーディネートが増えます。

● ファッションが楽しくなる

自分はこれだけ変われたとか、このコーディネートいいねとか思えるのも全身鏡のメリットです。自分に自信が出てきたり、ときにはＳＮＳにのせたり、そこで新しいコミュニティが生まれたり、きっと今より人生が楽しくなります。

ぜひ全身鏡がない人は家に置いてみてください。
ファッションが変わります！

CHAPTER 2

silhouette

シルエットを押さえれば、スタイルがよく見える

1 シルエットの重要性

とにかく僕が重要だとお伝えしたいのが「シルエット」を意識することです。シルエットにはパターンがあって、

- Vシルエット
- Iシルエット
- Aシルエット

の3つをまず押さえていただきたいです。

この中のどれかのシルエットになるよう、コーディネートを選ぶこと。

これがなぜよいかというと、とにかく「スタイルがよく見える!!」。この3つのシルエットは体型にコンプレックスがあってもスタイルがいい人に見えてしまう究極のシルエットです。

それから、シルエットが自分の中で理解できていると買い物が怖くなくなるんです。ライダースに合うのがスキニーだけだと思っていたら、スキニーしか買えないけれど、Aシルエットを知っていたらテーパードパンツと合うこともわかる。買い物の幅も広がるし、店員さんから何か勧められたときも、自分で必要か必要でないかを判断できます。だから買い物で失敗しなくなり、無駄なお金を遣わなくてすむ!!

また、シルエットを考える習慣がついていると、普段コーディネートを考える時間が短縮できるんです。このトップスは短めだからワイドパンツと合わせてAシルエットにしようとか、すぐに決められる。つまりコーディネートに悩む時間がほかのことに使えて、人生が豊かになる!!

シルエットが意識できれば、同じアイテムを着回せる。着回せるとコーディネートの印象が変わって見える。そしたら「あの人、お洒落だな」と思われるんです。

3つのシルエットを守れば自然とスタイルがよく見える

2 Vシルエット

はじめにご紹介するのはVシルエットです。

Vシルエットにするときはトップスはゆるく着て、パンツを細身にしてください。トップスはワイドなものやゆったりしたもので、コートなどボリュームのあるものも含みます。

コツとしては次の4点です。

①上をワイドに、下をタイトに
②上下のサイズの対比は思いっきりやる
③パンツは黒スキニーがうまくいきやすい
④靴は革靴、スニーカーにするなら黒いスニーカー

やるなら中途半端ではなく、がつんと大きめトップスを選び、トップス以外はなるべくシンプルで綺麗めなアイテムを選択することを心がけてみてください！

POINT
上をゆるく

POINT
下は
タイトに

POINT
革靴か
黒スニーカー

かなりオーバーサイズなアウターにスキニーを合わせてVシルエットを作り、スタイルアップ。ベージュ、白Tシャツ、黒スキニーと着回しのしやすいアイテムばかりなので、実はこれ以上カンタンなものはない、かつお洒落に見えるモテコーデです！

Jacket / soe
T-shirt / LIDNM
Pants / LIDNM
Shoes / KLEMAN
Necklace / LIDNM
Accessory / zZz(腰)

STYLE **01**

大きめサイズのシャツでVシルエットを作っています。ユニクロやGUで3XLとか4XLなど普段の自分のジャストサイズより3〜4サイズ上のシャツを買うと、オーバーサイズアイテムのコーデに挑戦しやすいです!

Shirt / LIDNM
Tank top / LIDNM
Pants / LIDNM
Socks / UNIQLO
Shoes / Hender Scheme

STYLE **02**

コートを着ているコーデもVシルエットに入ります。上にボリュームがあるかどうかでどのシルエットにあてはまるかを判断してみてください。コートはスキニーと合わせればまず間違いない！　ボリュームあるコートとスキニーでVシルエット完成です。

Coat / UNIQLO U
Sweatshirt / UNIQLO U
Tank top / LIDNM
Pants / LIDNM
Shoes / KLEMAN
Bag / LIDNM
Accessory / KLEMAN(腰)

STYLE 03

Vシルエットは上にボリュームがあればいいのでMA-1の下に厚手のパーカーを合わせて厚みを増し、そこにスキニーデニムを合わせています。Vシルエットは足元がよりシュッとして見える革靴との相性が抜群。スニーカーにするとちょっと可愛らしさが増す気がします。

MA-1 / GU
Hoodie / YOKE
Tank top / LIDNM
Pants / LIDNM
Shoes / Hender Scheme

3

Iシルエット

次はIシルエットです。3大シルエットで一番スタンダードです。Iシルエットにするときはトップスを細身にして、パンツも細身にする。コツは次の3点です。

①上下どちらも細くする
②綺麗めになりすぎないように上下どちらかは色などでカジュアル要素を
③レイヤードを意識して腰の位置をはっきりさせない

上下とも細身なので、シルエットとしてはどちらも綺麗めです。なのでキメすぎにならないように、カジュアルさを取り入れてください。スニーカーが一番似合うシルエットでもあります。またほかのシルエットより縦のラインが強調されるので、身長が低い方やぽっちゃりの方にもおすすめです。一番背が高く見えるシルエットです。

ライダース・ジャストサイズのMA-1・コーチジャケットなどコート以外のライトアウターがIシルエットを作りやすい上着です。キメすぎにならないようTシャツにライダースを羽織るくらいがちょうどいいと思います。ライダースはシンプルな形が合わせやすい。

Jacket / LIDNM
T-shirt / UNIQLO U
Pants / LIDNM
Shoes / CONVERSE
Accessory / zZz（腰）

STYLE 04

ほぼジャストサイズのシャツに細身のデニムを合わせています。Vシルエットより綺麗めなシルエットなのでカジュアルなスニーカーと合わせてもOK。シャツもデニムも青にしてさわやかさを出しています。

Shirt / Acne Studios
Pants / ZOZO
Shoes / CONVERSE
Bag / LIDNM
Watch / Daniel Wellington
Bangle / Vintage

STYLE 05

デニムジャケットの前を閉めて細身のテーパードパンツを合わせることで縦のラインがしっかり出ます。デニムジャケットと柄パンツでカジュアル寄りなので、スニーカーではなく革靴を選んで中和しています。

Jacket / UNIQLO × JWA
Knit / AURALEE
Pants / GU
Socks / UNIQLO
Shoes / Dr.Martens

STYLE 06

黒白青にアースカラーを足したコーデ。青とベージュはけんかしないのでおすすめです。黒のパンツ・靴下・靴を合わせることで足長効果が。テーパードパンツはセンタープレスが入っているとより縦のラインが強調されます。

Shirt / COMOLI
Vest / BEAMS
Pants / LIDNM
Socks / UNIQLO
Shoes / Needles by Troentorp
Bag / Hender Scheme
Watch / Daniel Wellington
Bangle / LIDNM

4 Aシルエット

最後はAシルエットです。3つの中で一番難しいですが、その分個性が出しやすいです。

これはトップスを細めに、パンツを太めにします。コツは次の3点です。

①上は細く、下は太く
②パンツはなるべく黒
③トップスは短め丈を（タックインがおすすめ）

なによりAシルエットは足が太い方でも気軽にできます。太めのパンツが足の太さを隠してくれます。またトップスの丈が短くなるとワイドパンツの位置が上がり、足が長く見えます。


Aシルエットを成功させるためには、素材を綺麗めに寄せるのがおすすめです。

冬はコートやダウンを着るので実現しにくいシルエットですが、夏にぜひ挑戦してみて！

いままでの常識から逸脱してパンツは太いものを選んでみていただきたい。足首にクッションは絶対につけないほうがいいです。トップスに黒が入っているので、ベージュ・白と色のグラデーションを作っています。

Jacket / UNIQLO
T-shirt / HARE
Pants / LIDNM
Shoes / Converse

STYLE **07**

ストンとしたニットとワイドパンツでAシルエット。トップスと靴を黒でまとめています。白のタンクトップをレイヤードすることですっきりした印象に。靴下も合わせて白にしています。

Knit / Acne Studios
Tank top / LIDNM
Pants / LIDNM
Socks / UNIQLO
Shoes / Dr.Martens

STYLE **08**

かなり太いワイドパンツにすっきりしたシャツを合わせています。パンツがかなりカジュアルなのでシャツや革靴で綺麗めを意識しています。ワイドパンツと革靴の相性はいいので、つねにセットで考えてOK!

Shirt / AURALEE
Pants / Needles
Socks / UNIQLO
Shoes / Dr.Martens
Bag / LIDNM
Watch / Daniel Wellington

STYLE **09**

Iシルエットでも活躍するライダースは、パンツをワイドパンツにしてAシルエットにするだけで雰囲気が変わります。全体をモノトーンでまとめてバッグでプラス1色にしたコーデ。レイヤードでTシャツの丈をライダースより長くして白を見せましょう。

Jacket / LIDNM
T-shirt / UNIQLO U
Pants / LIDNM
Socks / UNIQLO
Shoes / Dr.Martens
Bag / Hender Scheme
Accessory / zZz(腰)

5

1週間いろいろなシルエットを混ぜ込もう

いつも同じシルエットだと、同じような雰囲気だと思われがちです。それを避けるためにいろいろなシルエットに挑戦してみてください！

DAY 01

一人で高円寺にお買い物コーデ

ベージュ・ブラウンで全体のトーンをそろえてみたコーデ。コートにスキニーを合わせるのもいいですが、ベタな感じにもなるので、テーパードパンツにしてみました。白がないので、靴下で白を入れています。

Coat / ORCIVAL
T-shirt / HARE
Pants / SUNSEA
Socks / UNIQLO
Shoes / Dr.Martens
Bag / SLOW

DAY 03

大学で講義を受けるコーデ

バッグの白のロゴと白の靴、この二箇所の白のサンドイッチ効果で全体がまとまっている感じが出せます。色がリンクしていますね。腰元のチェーンが少し見えることで細かなところに気を配っているように見えます。

Knit / AURALEE
Pants / STEVEN ALAN
Shoes / PUMA
Bag / F/CE.®
Accessory / zZz(腰)

DAY 02

男友達とカラオケ大会コーデ

赤いスニーカーがポイントのコーデ。靴以外で派手な色を使っていないので、赤がより映えます。赤いスニーカーは全体的にシンプルな形でソールが白のものを選ぶと清潔感が出ます。

Jacket / LIDNM
T-shirt / STEVEN ALAN
Pants / LIDNM
Shoes / alfredoBANNISTER
Bag / Hender Scheme

DAY 05

放課後映画館デートコーデ

黒白ギンガムチェックのシャツは可愛らしい雰囲気があるので、トップス以外の色味は控えめにしました。シャツの前を閉めずにあけて着ると、ゆったりするのでVシルエットが作りやすくなります。

Shirt / STEVEN ALAN
T-shirt / UnitedAthle
Pants / LIDNM
Shoes / Paraboot
Bag / LIDNM
Accessory / zZz(腰)

DAY 04

サークルで飲み会があるときコーデ

黒・白・青の3色でまとめました。ダメージデニムがカジュアルなので、全体の色味は青で爽やかさが感じられるようにしてみました。襟付きのアウターと革靴できちんと感を出すよう意識しています。

Jacket / TOGA VIRILIS
T-shirt / GU
Tank top / LIDNM
Pants / LIDNM
Shoes / Dr.Martens

DAY 06

大好きなロックバンドのライブコーデ

ダメージデニムのジャケットにアクセサリーを手首や腰元、耳につけてカジュアルさを出しているので、綺麗めなIシルエットになるよう黒スキニーを合わせました。靴は革靴ではなく黒スニーカーでキメすぎにならないように。

Jacket / ZARA
T-shirt / UnitedAthle
Pants / LIDNM
Socks / UNIQLO
Shoes / NIKE
Accessory / KAIKO(腰)
Bangle / GUCCI(左手) Vintage(右手)

DAY 07

買い物に行く日のコーデ

難易度が高く思われるパイソン柄は黒でまとめた中のさし色に。ブルゾンとスキニーを合わせると簡単にVシルエットが完成します。柄でお洒落の上級者感を出しましょう！

Jacket / LIDNM
Shirt / Lui's
T-shirt / UNIQLO
Pants / LIDNM
Socks / UNIQLO
Shoes / Dr.Martens
Bag / LIDNM
Accessory / zZz(腰)

COLUMN 2

お洒落になるために まずしないといけないこと

お洒落になるためには、何をしないといけないか。

新しい服を買いにいく？　コーディネートの勉強をする？

いえ、そうではないんです。まず、するべきなのは手持ちの服を整理するということ。

つまり、いらない服は捨てるです！

そして洋服を捨てた後は管理ができるようにならなくてはいけません。

僕は洋服を重ねないように置いています。重ねてしまうと、下にいくにつれてしわがつきますし、見えなくなるので、持っていることを忘れてしまうんですね。

どこにどんな洋服があるかを把握できれば、新しく買った服ともコーディネートを考えやすいので、洋服の管理は本当に大事です。

服を立てて収納するために、僕がしているTシャツの並べ方をお見せします。

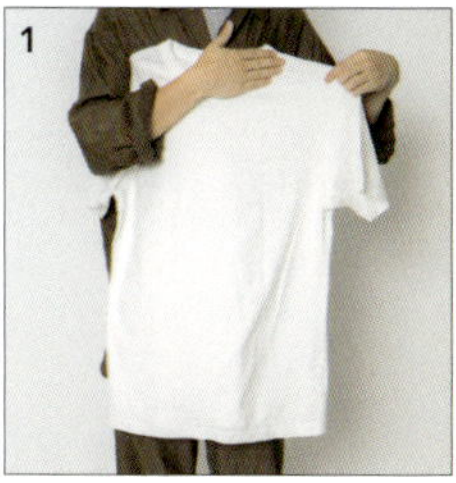
1
肩のあたりをおさえてひろげる。

2
2/3くらいのところで折る。

3
袖を折る。

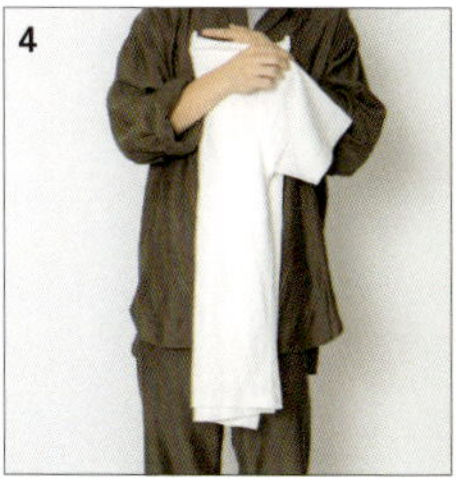
4
反対側も折る。

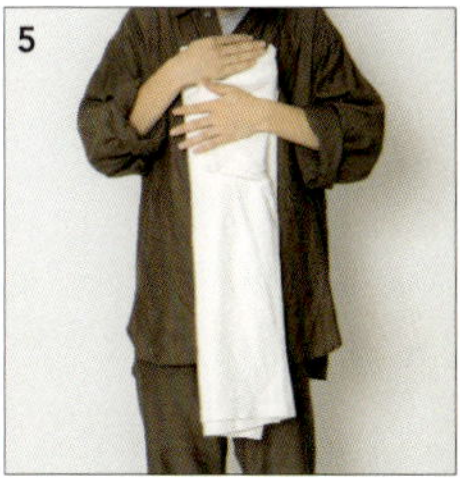
5
手でアイロンするようにしわを伸ばす。これ大事！

6
2つに折る。

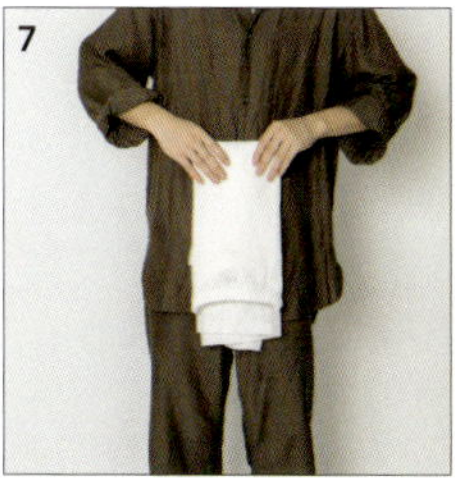
7
2つに折ったとき、体側のほうを1cmくらい余るようにする。

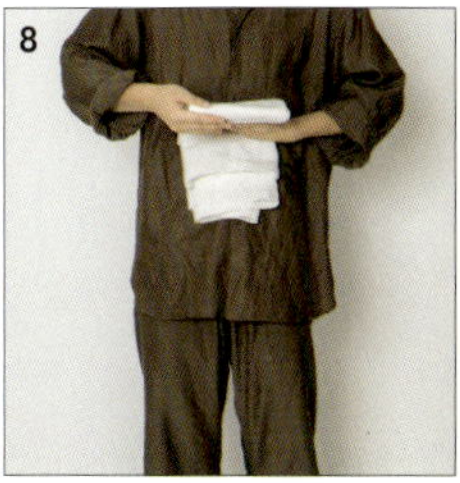
8
もう一回折る。

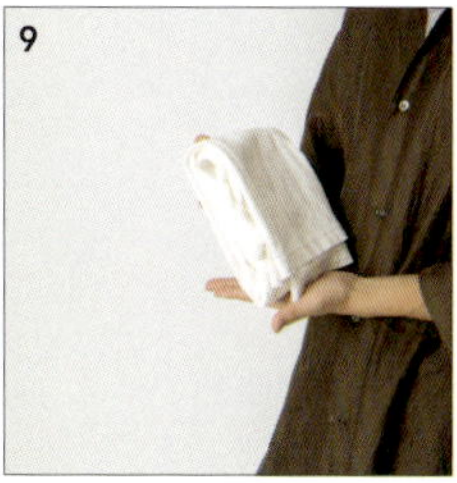
9
完成

この折り方だと立つ！！

CHAPTER 3

item

これさえあれば間違いない

アイテム

1

まず買っておくべきアイテムがある

「中和すること」「シルエットを理解すること」とここまでコーディネートの法則的なことをお伝えしてきましたが、でも実際何を持っていればいいの?? となりますよね。

ここでは僕が選ぶ、絶対に持っておくべき5つのアイテムと、そのほかそろえておくとコーディネートに迷わなくなるアイテムをご紹介したいと思います。

とにかく着回しできたり、流行にあまり関係ない、絶対持っておくべき5つは

- 黒スキニー
- 白Tシャツ
- パーカー
- 革靴
- チェスターコート

です。その理由については次のページからご説明いたします。

この5つだけではもちろんいろいろなコーディネートはできないので、そのほかニットや別のアウター、異なるシルエットのボトムス、スニーカーについても述べていきます。ファッションに大事なのはワクワク感。定番アイテムは毎シーズン購入するぐらいの気持ちで、飽きたなという気分になったらアイテムを刷新してみてください。

手持ちにカジュアルなアイテムが多いなと思ったら、まずは綺麗めなアイテムを買うことを意識するとバランスがよくなります。

トレンドを取り入れるにしても、定番のアイテムとトレンドアイテムを合わせることが多いので、まずはあるとコーディネートの幅が広がる定番アイテムたちから手に入れてみて！

時代に左右されない、着回ししやすいアイテムは持っておくべき

2 黒スキニーはマストアイテム

原点にして頂点といっていいアイテム、それが黒のスキニーパンツです！

持っていない方は絶対に1本買ってみていただきたい。

スタイルをよく見せるために一番気にしないといけない部位は「足」です。胴体が短く見えて、足が長く見える着こなしをすればいい。実寸で足が長い必要はないんです。

黒スキニーは非常にどのパンツよりも細く足のラインを強調してくれます。そのため足が長く見えて、とにかくスタイルがよく見えるパンツなんです。

さらに黒スキニーは相性のよくないアイテムを探すのが困難なほどに、何にでも合います。つまり着回しがしやすい。その上、女子からの好感度は抜群と、まるで神様が唯一作ったパンツかのよう。

しかもオールシーズン活躍します。

黒スキニー

入手しやすく、ストレッチがきいているユニクロの黒スキニー。
3990円で購入できるお手ごろさも魅力。

ウルトラストレッチスキニーフィットジーンズ / UNIQLO

STYLE 10

黒の革靴、黒の靴下、黒スキニーで足長効果を出しています。オーバーサイズのアウターを着る場合には非常におすすめなコーデ。オレンジ色でさし色を入れて、アクセントに。

Jacket / LIDNM
Shirt / STILL BY HAND
Pants / LIDNM
Shoes / Hender Scheme
Bag / MYne
Necklace / LIDNM
Accessory / KAIKO（腰）

STYLE 11

黒スキニーはコートに間違いなく合うアイテムで、もちろん着丈が長いコートにもおすすめです。レイヤードのタンクトップや靴下でちょっとだけ白を見せて清潔感が出るようにしています。

Coat / COMOLI
Knit / AURALEE
T-shirt / LIDNM
Pants / LIDNM
Socks / UNIQLO
Shoes / Dr.Martens
Bag / SLOW

STYLE **12**

黒スキニーで柄シャツの持つ雰囲気を中和しています。柄が入っていますが、黒白青の3色でまとめたコーデ。基本的にシャツは綺麗めアイテムですが、柄入りだとややカジュアルに寄ります。ただバラ柄はカジュアルより綺麗めなのでキメすぎにならないよう革靴ではなく黒のスニーカーを合わせました。

Shirt / INTER FACTORY ×ユウト
T-shirt / UNIQLO
Pants / LIDNM
Shoes / NIKE
Watch / Daniel Wellington

3

白Tシャツは何枚か持つべき

白Tシャツはとにかく着回し最強アイテムなので、毎シーズン新しく購入するくらいの気持ちでいてもいいアイテムだと、僕は思っています。

シンプルでポケットもロゴやワンポイントもない白Tシャツは絶対に持っておくべき。

Tシャツというと夏だけというイメージがあるかもしれませんが、そんなことはありません。もちろん夏に1枚で着てもいいけれど、ジャケットの下に着てもいいし、白Tシャツを着て、シャツの前を開けて羽織ってもいい。1年中活躍します。

シンプルな形のものをまず手に入れて、そのあとはゆるめのオーバーシルエットのものや袖が肘近くまである少し長めのもの、ワンポイント付きのものなど、いろいろ取りそろえるとコーディネートが楽しくなります。

あるとにかく使える白Tシャツもユニクロでまず1枚。
クルーネックのTシャツはいろいろなアウターと合わせやすい。

ベーシックフィットTシャツ / UNIQLO

STYLE 13

シンプルな白Tシャツを1〜2枚持っているよという方は、次は少し個性のあるTシャツにも挑戦してみてください。このTシャツは袖丈が7分とやや長めなので、白Tシャツに黒のパンツというシンプルなコーディネートでも印象が違って見えます。

T-shirt / CHOW DOWN
Pants / LIDNM
Shoes / HARE
Bag / LIDNM
Watch / LOBOR
Necklace / GUCCI
Accessory / Hender Scheme（腰）

STYLE **14**

白Tシャツは1年中着られるアイテム。春や秋は白Tシャツの上からライダースや薄手のコートをさらっと羽織ってみてください。綺麗めなアウターの場合、シャツの上に着るより、白Tシャツと合わせるほうがキメすぎにならないことも。

Coat / UNIQLO
T-shirt / UNIQLO
Pants / GU
Socks / UNIQLO
Shoes / Dr.Martens
Accessory / Hender Scheme（腰）

STYLE **15**

ゆるっとしたサイズのTシャツと太めのパンツを合わせるときはタックインすると綺麗めな要素が加わり、バランスが取りやすくなります。上下アイテムとしてはカジュアルなので、バッグと靴の黒で中和しています。

T-shirt / UNIQLO U
Pants / WILLY CHAVARRIA
Shoes / KLEMAN
Bag / LIDNM
Necklace / LIDNM
Accessory / LIDNM（腰）
Watch / G-SHOCK×MHL
（MARGARET HOWELL）

4

パーカーは見せ方自在

パーカーは1枚でももちろん様になりますし、実は重ねるアウターで印象も変えられます。パーカーで、僕のおすすめの色は断然「グレー」です！　黒いアウターは持っている方が多いと思うんです。ライダースとかコートとかMA-1とか。なのでグレーのパーカーのほうがほかのアウターやパンツに合わせやすいです。

パーカーの選び方のポイントは、この2点です。

①フードがしっかり立っているもの
②極力プリントのない無地のもの

フードが立たずしなしなだったり薄かったりすると、背中にぺたっとついてしまい、かっこよくない。またフードが立っていると小顔に見えます。パーカーはカジュアルなアイテムなので、無地かワンポイントやロゴ程度のもののほうが中和しやすくなります。

パーカーを複数持つ場合は、色か素材違いを。
1番着回せるのは「グレー」だと思っていますが、2着目以降は黒や明るい色のパーカーで変化をつけてみるのもいいと思います。起毛素材のパーカーは秋におすすめです。

左から　GU / Undefeated / YOKE / 823 × monkey time

STYLE 16

黒スキニー、革靴さえあれば上がカジュアルでも中和されてしまう、魔法のような組み合わせ。パーカーはジップがついているアウターとの相性もよいので、パーカー単体で着るだけでなく、上にアウターを着るのもおすすめです。

Outerwear / PHINGERIN
Hoodie / GU
Tank top / LIDNM
Pants / LIDNM
Shoes / Paraboot
Accessory / LIDNM(腰)

STYLE 17

全体の色合いが黒だとより綺麗めに見えるので、アイテムはカジュアルなものを選んでいます。黒シャツ、黒テーラードジャケットだと綺麗めになりすぎるので、黒パーカーに黒のMA-1でカジュアルさを加えています。

MA-1 / GU
Hoodie / YOKE
Pants / LIDNM
Shoes / Hender Scheme
Accessory / zZz(腰)

STYLE 18

パーカーはフードがぺたんとならない、肉厚なしっかり立つものを選ぶとかっこよく見えます。このGUのパーカーは1990円で買いました。グレーはネイビーとの相性もいいので、着回しやすいのでおすすめ。

Hoodie / GU
Pants / ZOZO
Shoes / HOKA ONE ONE
Bag / DEVICE
Watch / LOBOR

5

黒の革靴は万能

とにかく絶対に、革靴を持っていない方は一足何か買ってみていただきたい。

最初の一足なら「Dr.Martens（ドクターマーチン）」がおすすめです。Dr.Martensの値段が高いなぁという方は、リーズナブルな価格の、つま先が尖っているビジネス風の革靴ではなく、つま先に丸みを帯びている革靴をさがしてみてください。

人からお洒落だと言われるコツ「中和」についてお話ししてきた中でも述べましたが、革靴は綺麗めなアイテムです。革靴というときっちりかっちりしたものと合わせないと、と思うかもしれませんが、カジュアルなものと合わせて中和するのもよし。想像以上にいろいろなコーディネートで使えるアイテムなんです！

さらに革靴のいいところはトレンドを追う必要がないところです。コートとの相性がいいので、コートにはとりあえず革靴と考えてもOK。

最初の1足は靴紐付きのオーソドックスなものを。2足目以降はタッセル付きや止め具などのアクセントのあるものを。

STYLE 19

全体的に色が落ち着いているのでバッグをカジュアルなものにしました。タンクトップでレイヤードにして腰の境界線を見せないことでよりスタイルよく見せています。アウターもオーバーサイズなためとことんスタイルよく見えるコーデです。

Jacket / LIDNM
Sweatshirt / STEVEN ALAN
Tank top / LIDNM
Pants / LIDNM
Shoes / Dr.Martens
Bag / F/CE.®

STYLE 20

ライダースの革と靴の革がリンクしていることで全体が引き締まった印象になります。クレマンの革靴も1万9000円くらいしますが、マーチンやパラブーツよりは安いので、予算に合わせて選んでみてください!

Jacket / LIDNM
Knit / AURALEE
Tank top / LIDNM
Pants / GU
Socks / UNIQLO
Shoes / KLEMAN

STYLE 21

コートやニットが比較的明るい色なので引き締めてくれる黒の革靴がおすすめ。パラブーツは非常に価格が高い靴ですがそのぶん経年変化も美しく長く履き続けることができます。男性の憧れの革靴です。

Coat / AURALEE
Knit / JIEDA
T-shirt / UNIQLO
Pants / LIDNM
Socks / UNIQLO
Shoes / Paraboot

6

アウターに迷ったら まずチェスターコート

とにかく時代を選ばないアイテム。まずアウターを買うならチェスターコートをおすすめします。イチ押しの色はネイビーです。ほかの色だと黒かキャメル。ただキャメルは色が明るい分、黒スキニーや革靴でないと中和が難しくなり、コーデが限定される。黒だと襟があって形自体綺麗めなチェスターコートの綺麗め要素がさらに強くなり、スニーカーなどでキメすぎになる印象を崩す必要がでてくる。なので、ネイビーがもっともほかのアイテムと合わせやすいです。

着こなしのときは次の点を押さえるといい感じになります。

①細いパンツと合わせる
②ほかのアイテムの色は落ち着いた色に
③靴は革靴と合わせると失敗なし

ネイビーや黒はほかのアイテムと合わせやすい色。
形がシンプルな分、何色を選ぶかが重要なアイテムです。

左/ LIDNM　右/ CARUSO　下/ UNIQLO

STYLE 22

比較的シックなシャツとニットをレイヤードして、その上にさらにコートを羽織っています。コートを脱いだ室内でもかっこよく見えます。20代におすすめの冬のデートにふさわしいコーデです。

Coat / AURALEE
Knit / AURALEE
Shirt / Acne Studios
Pants / LIDNM
Socks / UNIQLO
Shoes / Paraboot

STYLE 23

色を落ち着かせているので、大人のデートに向いているコーデ。コートが黒なので、パンツはネイビーのスキニーと合わせることでスタイルアップにつながっています。デートの成功間違いなしでしょう。

Coat / CARUSO
Knit / Crepuscule
Pants / ZOZO
Shoes / Paraboot

STYLE 24

綺麗めアイテムであるコートはパーカーや白スニーカーといったカジュアルなアイテムを中和する万能アイテムです。パンツ・靴・コートで黒白青のバランスを作り、そこにパーカーでグレーを足してちょっと遊んだコーデです。

Coat / UNIQLO U
Hoodie / GU
Pants / LIDNM
Socks / UNIQLO
Shoes / PUMA

7 秋冬はニットが楽

ニットは1枚で着てもさまになりますし、アウターの下にも着られます。またニットの下にシャツを入れるとコーディネートにひと手間かけているように見えて、お洒落な人という印象につながります。

特におすすめなのが無地のクルーネックニット。コートとかデニムジャケットとかさまざまなアウターとの相性がよく、合わないアウターを探す方が難しいくらいです。クルーネックニットとは丸首のニットです。とりあえずこのニットの上にアウターを羽織っておけばＯＫ。女子受けも抜群なニットでもあります。

色はやはり白ニットと黒ニットがいろいろなアイテムと合わせやすく、モノトーンでもあるので使いやすいです。クルーネックニットからはじめて、タートルネックやモックネックなどに広げていってください。

ニットは色、織り方、サイズ感で変化をつけられるアイテム。
白や黒はもちろん使いやすいですが、秋らしいベージュや
ブラウンは1枚でもインナーとしても着られる色です。

左上/ AURALLE　右上/ AURALLE　左下/ Crepuscule　右下/ AURALLE

8

アウターをそろえれば 3シーズン安心

「MA-1、デニムジャケット、ライダース、コーチジャケット」、コート以外に持っておくとおすすめなアウターはこのあたりです。春や秋にはそれだけ羽織ればいいし、冬はアウターonアウターで別のアウターと組み合わせれば防寒もばっちり。

MA-1をはじめとするブルゾンは中綿が入っていて暖かいです。カジュアルなアイテムなので、綺麗めなものと合わせてみてください。

デニムジャケットは好感度が高い。下に着るものも選びません。

ライダースはとにかく着回ししやすいアイテムです。スキニー、ワイドパンツ、シャツ、スウェット、パーカー、どれとも合うので、印象を変えることが簡単。

コーチジャケットは襟があるのでMA-1より綺麗め。光沢もあって綺麗めなので、色で遊んでもいいと思います。

春も秋も使える薄手のアウターたち。
それ1枚でも、コートの下にも着られる。

左上 MA-1 / GU　右上 デニムジャケット/ UNIQLO
左下 コーチジャケット/ soe　右下 ライダース/ LIDNM

9

とにかくデニムは好感度が高い

CHAPTER5で色についてお話ししますが、青（ネイビー）はとても合わせやすい色です。だからコーディネートに取り入れやすい。そして好感度が高い色でもあります。

デニムを選ぶときはシルエットにも注目してみてください。

スキニーは足が長く見えます。ただ、スキニーのデニムを選ぶ場合はストレッチ性はマストです。固いと絶対足が痛くなります。

そしてテーパード。これは足が太い方でも綺麗に見えるシルエットです。

デニムはカジュアルなのでワイドパンツはよほどスタイルがよくないと似合いません。

アイテムがカジュアル、シルエットもカジュアルだとお洒落に着こなすのが難しいのはもうすでにご理解いただいているかもしれません。だからこそ、デニムはすっきりしたシルエットがおすすめです。

デニムはシルエットと色で決めたいアイテム。
裾が長いときはロールアップを。詳しくはp.164で。

左から　LIDNM / A.P.C. / LEVI'S / USED / GU

10

パンツでシルエットは変わる

黒スキニーとデニムはまず持っておくべきパンツですが、ほかの種類のパンツも持っているとシルエットの幅が広がり、お洒落に見えます。

足の太さに悩んでいる方にぜひおすすめしたいのが「テーパードパンツ」。太もも部分がゆったりして足首にいくにつれて細くなっているので全体に足が細く見えます。足が細い人がはいても、太い人がはいてもシルエットが同じ!!

黒スキニーだとマンネリだなという方には黒の「ワイドパンツ」を。広がるので足が太い方にも。これがあると一気にシルエットの幅が広がります。色は黒が合わせやすい。ワイドパンツは股下もゆったりなのでスキニーよりウエストを上にしてスタイルをよく見せることもできます。裾がだらだらしているとはきこなせていない印象になるので、裾上げをするとか、裾の丈感に注意しましょう。

パンツ

デニム以外のパンツはカジュアルなものと綺麗めなものを持っておくと便利。
タックがきっちり入っているテーパードパンツはより綺麗めになります。

左から　LIDNM / UNIQLO / UNIQLO / Steven Alan / adidas

11

色のアクセントになるスニーカー

靴については、革靴がとにかく万能とお伝えしましたが、やはりスニーカーもとても便利です。

ベースカラーが黒でも、ソールや紐で白い部分があるスニーカーやオールホワイトのスニーカーはコーディネートに白を足したいときに重宝します。白を入れると清潔感が出てくるので、スニーカーを上手に使ってみてください。

紐なども含めてオールブラックのスニーカーは、革靴だとキメすぎだけど、綺麗め感は少し欲しいというときに使えます。

赤などカラースニーカーは、モノトーンコーデに1色足すときにいい役割を果たします。3色以上使われているスニーカーは単体で見るととてもかっこいいんだけど、コーディネートはちょっと難しいアイテムです。

コンバースオールスター、バンズのオールドスクール、リーボックのポンプフューリー、アディダスのスタンスミスなどは鉄板です。

左のピンクのスニーカーから時計回りに　CONVERSE / CONVERSE / CONVERSE / VANS / Reebok / VANS / FILA / adidas / CONVERSE

CHAPTER 4

season

この季節は何を着たらいいのか、で悩まない

1

季節ごとに ファッションを楽しむ

季節が変わると服を変えないといけない…と、面倒に思っていませんか。

春と秋は結局同じ服を着ている…、夏はいつも同じシルエット…、冬は同じコートを着ているから毎日同じ格好に見える…。

季節ごとにこのようなファッションのお悩みがあるかもしれません。

それに、季節ごとに服を買うのは金銭的にも収納スペース的にもたいへんだ、と思っている方もいらっしゃるのではないでしょうか。

さすがに厚手のコートなどは冬しか着られませんが、でも季節問わず着回せるアイテムもたくさんあるんです！

シャツはニットと合わせれば、春と秋だけの服にはなりません。白Tシャツはアウターの下に着れば、寒い季節でも活躍します。

また春は新生活がはじまるからちょっとカジュアルに寄せるとか、明るめの色を増やすとか、色も重要になってきます。

そこでこの章では、季節ごとのポイントや、着こなしのコツ、持っておくといいアイテムをご紹介いたします。

そもそも季節感のある服装をしていると、それだけでお洒落な人に見えます。

さらに、季節の変わり目は、新しいアイテムを購入してワクワクできるタイミングでもあります。

つまりアイテム選びと組み合わせ方を間違えなければ、季節の変化は怖くない。それぞれの季節のポイントを理解して、ファッションをより楽しんでいただきたいと思います。

手持ちのアイテムを上手く着回したり、季節ごとのアイテムでファッションを飽きずに年間通して楽しむ

2

春ファッションの基本

春、新生活を迎える方も多い季節ですね！　僕は、春はほかの季節よりややカジュアル要素が強めでもいいかなと思っています。

まず、これから新生活がはじまり、一から服をそろえていきたいという方には、着回ししやすい定番アイテムがおすすめです。例えば、黒スキニーや白Tシャツ、デニムジャケットなどです。

だいぶ着回ししやすいアイテムがそろってきているよという方は、

①明るい色（カラーアイテムや薄い色のデニムなど）

②カジュアルなもの（白スニーカーなどもおすすめ）

の2点を意識して取り入れてみてください。P.96から具体的なコーデをご紹介いたします。カラーアイテムの取り入れが難しかったら、まずはインナーからでも！

明るい色を入れたい春、スニーカーでピンクを入れてみました。デニムジャケットよりも白Tシャツの丈を長くして、レイヤードして白が見えるようにしています。靴下の白と合わせて清潔感を出しているコーデ。

Jacket / UNIQLO and JW ANDERSON
T-shirt / UNIQLO
Pants / LIDNM
Socks / UNIQLO
Shoes / CONVERSE
Bag / THRASHER

3

春にそろえるべきアイテム

まずカジュアルなアイテムとしてスニーカーを。白スニーカーは清潔感も出て、新生活にはぴったり。

パンツはとにかく絶対何でも合う黒スキニーは必須で、それから明るめの色のデニムが春にはよく合います。他にも別のパンツをというときは黒のテーパードパンツが便利です。スキニーとはシルエットが変わるので上に合わせるアイテムが同じでも雰囲気を変えることができます。ワイドパンツより着回しがしやすいのもいい。さらにトラックパンツなどもおすすめです。

まだ肌寒い日もあるので薄手のアウターも。春に合うのはデニムジャケット。白Tシャツの上に羽織ってみてください。黒スキニーと白Tシャツはとりあえず何を羽織ってもさまになるすごい組み合わせ。

Spring

春にあると着回せるアイテムたち

アウター：トレンチーコート、ステンカラーコート、チェスターコート
ライトアウター：MA-1、コーチジャケット、ライダース、デニムジャケット、テーラードジャケット
トップス：スウェット、パーカー、ロンT（ロングスリーブカットソー）、オープンカラーシャツ、デニムシャツ、チェックシャツ、ストライプシャツ
パンツ：デニム、スラックス、黒スキニー、チノパンツ、トラックパンツ

STYLE 25

春らしいネイビーというよりブルーのパーカーがメインのコーデ。ロゴもついていて色合いもカジュアルですが、春はこれくらいカジュアルな雰囲気でも大丈夫。黒スキニーはオールシーズン使えます。

Hoodie / Undefeated
Pants / LIDNM
Shoes / KLEMAN

STYLE 26

春らしいアイテムを持っていないというときは組み合わせで春らしくしてみましょう。1年中使えるグレーのパーカーやデニム、スニーカーを合わせてみて。着回ししやすいカジュアルアイテムを3つ組み合わせることでどこか春らしいコーデに。

Jacket / LIDNM
Hoodie / SAYHELLO
Tank top / LIDNM
Pants / ZOZOTOWN
Socks / UNIQLO
Shoes / VANS
Bag / KAIKO

STYLE 27

デニムonデニムのデニデニコーデです。春といえばデニムの印象が強いですね。ZARAには遊び心あるデニムジャケットが売られています。とはいえ全体的にカジュアルなので綺麗めなIシルエットを目指しています。

Jacket / ZARA
T-shirt / UNIQLO
Pants / BEAMS
Shoes / Dr.Martens
Bangle / Vintage
Necklace / LIDNM

STYLE **28**

白スニーカーとチェックのアウターで少しカジュアル要素を強めにして、春らしさを出しています。白スニーカーが一番合う季節はなんといっても春。清潔感を出したいときにもおすすめです。

Jacket / PHINGERIN
T-shirt / UNIQLO
Pants / LIDNM
Shoes / CONVERSE
Necklace / LIDNM

4

夏ファッションの基本

夏は薄着になるので、アイテム数が少なくなり、コーディネートに変化がつきにくくなる季節です。意識していただきたいのはこの3つ。

①手首に腕時計やバングル、首元や腰元などにもアクセサリー
②トップスのシワをなくす
③色は3色以内

ネックレスや腰につけるチェーンなどを使ってアクセントをつけると、細かいところまで意識しているなという印象を持ってもらうことができます。

変化をつけたいときは柄物のシャツを。色がたくさん入りすぎていない柄を選ぶのがコツ。3色以内が目安になります。さらにシワがあるとだらしない印象になってしまうため、服装で好感度が台無しになってしまいます!!

オーバーなTシャツに黒スキニーを合わせてVシルエットを作っています。細身のパンツだとタックインしなくてもかっこいいシルエットに。夏は白を着ていると清潔感が高く見えるので、白Tシャツはたくさん持っておこう！

T-shirt / Adererror
Pants / LIDNM
Socks / UNIQLO
Shoes / Dr.Martens
Accessory / zZz(腰)
Watch / Daniel Wellington

5

夏にそろえるべきアイテム

やはりまず白Tシャツと黒スキニーが鉄板。あとは柄物のオープンカラーシャツで変化をつけてみて。白やベージュのタンクトップを着て、その上にシャツを羽織ってもいいですし、シャツの前を全部閉じて着てもＯＫ。

バッグは夏らしい素材を取り入れやすいところ。透明感のあるＰＶＣバッグは一気に夏らしさがでてきます。

また夏しか履けないアイテムとしてはサンダルもあります。黒いサンダルは使いやすい。先ほど夏ファッションのポイントでもお伝えしましたが、あとはバングル、サングラス、チェーン、リング、ネックレスなどアクセサリーにも挑戦してみてください！

Summer

夏にあると着回せるアイテムたち

トップス：白Tシャツ、オープンカラーシャツ、柄シャツ
パンツ：黒スキニー、スキニーデニム、ワイドパンツ
アクセサリー：ネックレッス、ピアス、バングル・ブレスレット、サングラス、腕時計
シューズ：サンダル、スニーカー

STYLE 29

何も飾りのないベーシックな白Tシャツにデニム、スニーカーのすごくシンプルな夏コーデ。だからこそオレンジのバッグで遊びを入れています。スニーカーはソールが白いと清潔感が出ます。

T-shirt / UNIQLO U
Pants / UNIQLO U
Shoes / CONVERSE
Bag / MYne
Necklace / LIDNM

STYLE 30

夏のストリートコーデです。アイテムごとに見るとすごくカジュアルかつストリート系のアイテムが多いので、色は落ち着かせました。こういうコーデのときは気持ちもオラオラいきましょう！

T-shirt / H&M
Pants / kappa
Shoes / NIKE
Bag / DEVICE
Necklace / LIDNM、GUCCI
Bangle / TOGA

STYLE 31

鉄板の黒白青のコーデです。デートでも大学でも友達と遊ぶときでもどんな状況下でもかっこよく見えるかと思います。腕時計やロールアップ、タンクトップのレイヤードなどで清潔感が出るよう意識してみましょう。

T-shirt / SHAREEF
Tank top / LIDNM
Pants / LIDNM
Socks / UNIQLO
Shoes / Paraboot
Bag / F/CE.®
Necklace / STUDIOUS

STYLE 32

柄シャツを着るときは極力ほかをシンプルにいきましょう。これは柄シャツを引き立たせるためです。柄シャツの下はタンクトップなのですごく涼しい。黒のテーパードパンツ・靴下・革靴で足を長く見せています。

Shirt / UNIQLO
Tank top / LIDNM
Pants / LIDNM
Socks / UNIQLO
Shoes / Dr.Martens
Watch / Daniel Wellington
Accessory / zZz（腰）

6 秋ファッションの基本

秋のファッションは春とおすすめカラーが違います。春のファッションと同じでいるのはもったいない！　秋のイチ押しカラーは

①キャメル・ベージュ・ブラウン
②ネイビー
③ブラック

です。これらの色のアイテムを投入すると、秋っぽさが出てきてお洒落に見えます。

また秋冬に使えるのはニット。1枚で着てもいいですし、タンクトップやシャツの上から着てレイヤードを楽しんだりしてみてください。

春同様、薄手のアウターを持っておきたいところですが、カジュアルが合う春に比べて、秋は綺麗めが合う季節。ライダースなど黒いアウターがかっこいいです！

秋は綺麗めアイテムやベージュ・ブラウン系のアイテムがかっこよく見えてきます。このコーデはベージュのチェックシャツにニットベストを合わせてブラウンのバッグを入れました。シャツは袖をロールアップしたほうが安定的にかっこよくなります。

Shirt / AURALEE
Vest / BEAMS
Pants / UNIQLO U
Socks / UNIQLO
Shoes / Dr.Martens
Bag / SLOW
Watch / Daniel Wellington

7 秋にそろえるべきアイテム

秋はやはり色！　ベージュやキャメル、ブラウンなど秋らしい色のアイテムはぜひ取り入れていただきたい。

そうすると、白の面積が少なくなりがちなので、アウターの下の白Tシャツや、スニーカーの紐やソールで白いものを入れてみてください。どこかに少し白い部分があるとコーディネートが綺麗に見えます。

セットアップを楽しむのも秋がおすすめです。上下同じ、セットのアイテムだと簡単に統一感を出すことができます。ただ、セットアップを着るときはスーツっぽく見えないようにすることが重要！　ビジネス感のある先端が尖った革靴とは合わせないで。

あとは秋のアイテムはそのまま冬にも連続して使えるものが多いので、秋冬連続して楽しめるところもポイントです。

Autumn

秋にあると着回せるアイテムたち

アウター：ステンカラーコート、コーチジャケット、MA-1
トップス：テーラードジャケット（セットアップ）、ニット（クルーネック、モックネック、タートルネック）、ボアやフリース素材のパーカー
パンツ：黒スキニー、テーパードパンツ、デニム
シューズ：革靴、スニーカー

STYLE 33

秋はセットアップがどの季節よりもかっこよく見えます！白スニーカーや先が丸くステッチが入った革靴と合わせるとスーツの印象に引っ張られなくなります。セットアップのパンツは細くなく太いシルエットを選ぶと綺麗めになりすぎなくていい。

Jacket&Pants / UNIQLO U
T-shirt / UNIQLO
Socks / UNIQLO
Shoes / Dr.Martens
Bag / Hender Scheme

STYLE 34

ニットは春より秋がおすすめです。次の季節が冬なので使い回しがしやすいからです。コートを羽織るとそのまま冬のコーデに。ベージュやブラウンだけでなく、このようなモカ色も人気のカラーです。

Knit / Crepuscule
Pants / LIDNM
Socks / UNIQLO
Shoes / Dr.Martens
Bag / Hender Scheme

STYLE 35

ステンカラーコートはより大人のコーデに近づくアイテムです。20代30代40代におすすめ。細かいチェックがより秋らしさを感じさせます。コートの中はブラウンで色を落ち着かせています。柄は細かなもののほうが大人っぽく見えます。

Coat / ORCIVAL
T-shirt / MONKEY TIME
Pants / MONKEY TIME
Socks / UNIQLO
Shoes / Dr.Martens
Necklace / Studious

STYLE 36

素材で秋らしさを見せていこうとしているコーデです。ボア系や起毛している素材で作られている落ち着いた色味のショート丈アウターは冬を連想させ、ロングコートまではまだ着ない晩秋から初冬に活躍します。

Jacket / AURALEE
Knit / AURALEE
Pants / LIDNM
Socks / UNIQLO
Shoes / Dr.Martens
Accessory / LIDNM(腰)

8

冬ファッションの基本

冬のファッションはアウターのインパクトが大きいです。ライダースの上にチェスターコートを着るといった、アウターｏｎアウターができるのも冬ならでは。着回しの幅が広がるし、さらに暖かいです。そして店内に入ったときも上のアウターを脱いで、下のアウターで過ごすことも可能なのでおすすめです。

全体のファッションで意識していただきたいのは次の４点です。

①色は3色以内に抑える
②ネイビーとキャメル（ベージュ）を取り入れる
③柄は1箇所だけ
④マフラーやスヌードが使える

秋のファッションの延長とこの４点で、アイテムが増える冬も怖くない！

コートの下にもアウターを着ているコーデ。チェックパンツはコートとの相性がいいのでおすすめです。より個性を出したい、差別化をはかりたい方はコートの丈を長くすると大人っぽくなります。

Coat / 古着(USED)
Jacket / crepuscule
Pants / STEVEN ALAN
Socks / UNIQLO
Shoes / Dr.Martens
Bag / LIDNM

9

冬にそろえるべきアイテム

まずアウターのイチ押しはチェスターコートです。流行りが関係なく何年も使えるからコスパがとことんいいんですよね。

デニムも冬は濃いネイビーがお洒落です。革靴はどんなコートにも合うからとりあえず履いておくと間違いない。

冬に特に意識していただきたいのは首元です。マフラーはとにかく異性からの好感度が高いです。恋愛マンガにしてもドラマにしても、かっこいい主役の男性ってみんな冬にマフラーしていますよね。それって女性からしてマフラー＝かっこいい認識があるからなんです。柄はどこか1箇所とお伝えしましたが、マフラーで柄を入れるといい感じにまとまります。また、マフラー以外としては、ニットの下にタートルネックの白のカットソーを入れるのもアクセントになってお洒落に見えます。

Winter

冬にあると着回せるアイテムたち

アウター：チェスターコート、ステンカラーコート
トップス：ニット（クルーネック、モックネック、タートルネック）、
タートルネックカットソー、パーカー、インナーダウン
パンツ：黒スキニー、デニム
シューズ：革靴
小物：マフラー、無地の長めのソックス

STYLE 37

薄手のMA-1ではなく中綿入りのMA-1、さらにその下に厚手のパーカーを入れているのでとても暖かいコーデです。マフラーほどではないですが、パーカーはサイドからの風を守ってくれます。リーボックのポンプフューリーでストリート感も。

MA-1 / GU
Hoodie / GU
Tank top / LIDNM
Pants / LIDNM
Shoes / Reebok
Bag / LIDNM
Accessory / zZz(腰)

STYLE 38

マフラー・スウェット・アウターと非常に素材が冬らしいコーデ。ショート丈のアウター、中くらい丈のニット、ロングのタンクトップで3段のレイヤードが完成。黒のアウターは中に着るものの色でコーデのバリエーションを出せるので着回ししやすい。

Jacket / AURALEE
Sweatshirt / YOKE
Tank top / LIDNM
Pants / LIDNM
Socks / UNIQLO
Shoes / Dr.Martens
Scarf / BEAUTY&YOUTH UNITED ARROWS

STYLE 39

秋に着ていた服（p111）にコートを羽織るだけのかんたんコーデ。重ね着していてお洒落に気を配っているんだなというふうに見られます。スキニーでも合うところにテーパードパンツをはくことで個性がちょびっと出ています。

Coat / AURALEE
Shirt / AURALEE
Vest / BEAMS
Pants / UNIQLO U
Socks / UNIQLO
Shoes / Hender Scheme

STYLE 40

秋にも着た薄手のコートをアウターonアウターでライダースの上から着ています。ニット・ライダース・コートと重ねることで冬でも暖かいコーデ。スキニーとのVシルエットが非常にかっこよく見えます。

Coat / ORCIVAL
Jacket / LIDNM
Tops / Steven Alan
Tank top / LIDNM
Pants / LIDNM
Socks / UNIQLO
Shoes / Dr.Martens

CHAPTER 5

color

かっこよく見える色は決まっている

1 コーディネートは3色以内

僕がコーディネートの中で重要視していることの1つが色使いです。

ルールは「コーディネートの色は3色以内にする」。つまり4色以上使わないということです。

ではどの3色を選べばいいのかということですが、一番わかりやすいのは、黒と白に何か1色プラスすること。モノトーン＋1色です。

特におすすめなのは「白・黒・ネイビー（青）」。この3色を組み合わせておけば、まず間違いないです。

4色以上使うのがダメというわけではないけれど、たくさんの人からお洒落と思われにくく、ダサくなる可能性が高くなってしまうんですよね。

また3色以内を推奨する理由の1つに、自分の中での判断基準になるというのがあります。新しい服を着てすぐのときとか、この格好で合っているかな？　と思うことがあると思います。でもファッションの正解ってわからない。そういうとき、色の数が3色以内だから、大きく間違ってはいないと自分で判断することができるんです。

絶対3色までなのかということについては、あくまでも1つの基準です。僕の中で4色以上使っていいのは、グレーを使っているとき、または、すごく濃いネイビーと薄いネイビーを使っているときです。黒・白・グレー・カーキとか、濃いネイビー・薄いネイビー・黒・白などですね。

黒・白以外の色のパターンなども含めて、この章で色の組み合わせ方をご紹介していきます。

コーディネートは3色以内におさめると うまくいく

2 色の黄金法則「白・黒・青」とほかのカラー

先ほど、白と黒に別の1色を合わせるとだいたいのコーディネートはかっこよくなるということをお話しいたしました。その中でも最強の組み合わせは「白・黒・青（ネイビー）」だと僕は思っています！　この3色は色として見ると、綺麗めでかつ清潔感にあふれているので、アイテムで多少カジュアルなものが多くなってもすんなりとまとまるんです。

パンツで黒や青（ネイビー）を持ってくるとかっこよく見えます。

ほかに意識する色のくくりとしては、まずアースカラーがあります。ベージュとかブラウンとかカーキとか自然にあるなじみやすい色です。

これらの使いやすい色に加えて、鮮やかなカラーアイテムや柄物をうまく取り入れると、お洒落な人と言われるようになります！

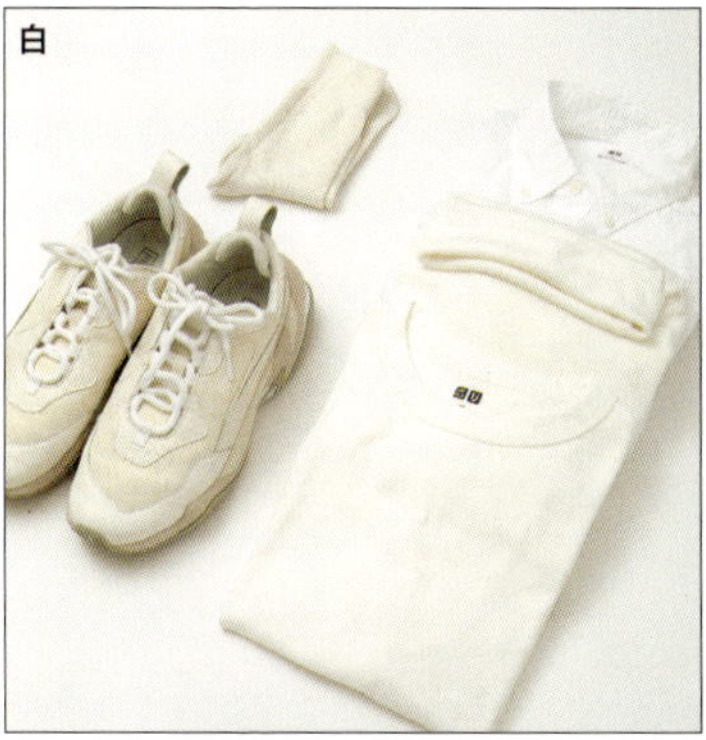
白

黒

ネイビー

アースカラー

柄

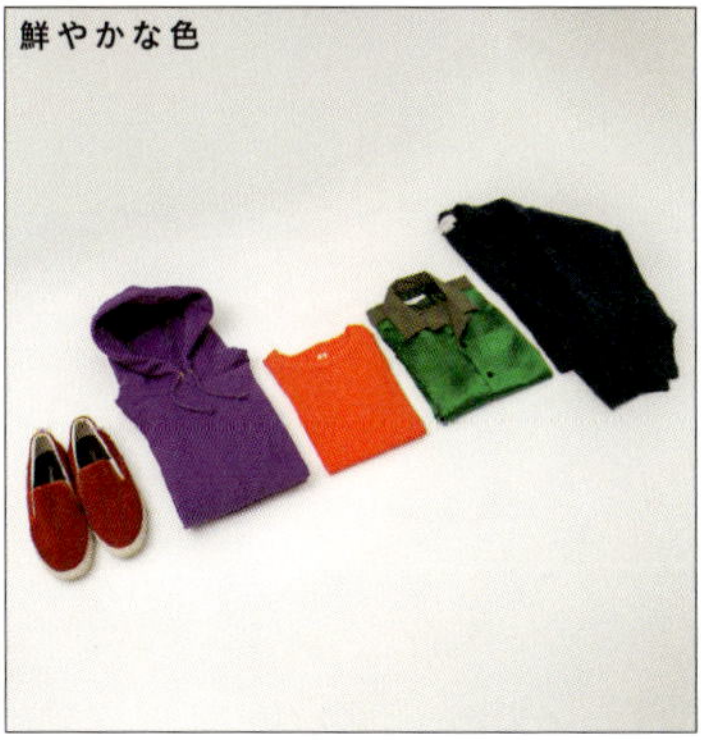
鮮やかな色

3

色の黄金法則1つ目「白」

まずはじめに、最強カラーの1つ、白の取り入れ方です。僕の考えですが、白はパンツではなくトップスに使います。

正直に言うと、白パンツはお洒落に見えにくいアイテムではないかと思っているんです。パンツには黒や青をおすすめしていますが、それは足が長く見えるから。白は膨張色なので、黒など濃い色の方が引き締まって細く長く見えやすいです。僕はスタイルがよく見えることを重視してコーディネートを組んでいるので白はパンツではなくトップスに持ってきます。

ほかに白の取り入れ方としては、タンクトップでレイヤードの際に見せる、靴下、腕時計のフェイス、白スニーカーやスニーカーの紐やソールなどで見せるのがおすすめです。

白メインの「白黒青」コーディネート

絶対間違いない「白黒青」でまとめたコーデ。白黒青の3色の中でも白Tシャツに白シャツを羽織って白をメインに爽やかにまとめています。シャツの袖を折ることで清潔感も意識しています。

T-shirt / United Athle
Shirt / COMOLI
Pants / ZOZO
Shoes / KLEMAN
Bag / LIDNM
Bangle / Hermès
Watch / LOBOR

4 色の黄金法則2つ目「黒」

最強カラーのもう1つは黒です。黒いアイテムはたくさんあるので、手持ちの服で黒がある方はたくさんいらっしゃるのではないでしょうか。

とにかく絶対に持っておくべきアイテムで激推ししている黒スキニーをはじめ、黒のテーパードパンツ、ライダース、革靴など黒のアイテムは何にでも合うので本当に着回ししやすいです。

黒いアイテムをベースにしたコーディネートで意識していただきたいことがあります。それは黒の面積が広いとき、どこかに白が入ってくると抜け感が出るということ。靴下でちょっと白を見せるなどもおすすめです。

さらに「大人らしい雰囲気」や「清潔感」があるとお洒落に見られやすいんですね。そこでまさしく「黒」は大活躍してくれるんです。

黒メインでさし色プラスコーディネート

CHECK
中のニットで
明るい色を

黒いコートに黒スキニーを合わせると、黒の面積が広くなり、全体的に黒々した印象になります。なので白靴下が少し見えるようにパンツの裾をロールアップしたり、タートルネックのベージュのニットで色がチラ見えしたりするようにしました。

Coat / YAECA
Jacket / UNIQLO U
Knit / AURALEE
Pants / LIDNM
Socks / UNIQLO
Shoes / Dr.Martens
Bag / LIDNM

5

色の黄金法則3つ目「青（ネイビー）」

青（ネイビー）もかなり好感度が高い色です。デニムやデニムジャケットなどで取り入れるのがおすすめです。

またアウターでまず最初におすすめしたい色もネイビーです。なぜかというと黒のアウターはライダースやMA-1などほかにもたくさん持っている方が多いからです。黒のパンツに黒のアウターは重たく見えることもありますが、ネイビーだと黒との相性もよいので、コーディネートがまとまりやすいんです。

また組み合わせの最強カラーとして白と黒と青（ネイビー）で合わせると間違いないですが、ネイビーはそれ以外にもアースカラーと組み合わせても失敗しない色です。ベージュやカーキとも合わせてみてください。

ネイビーグラデーションコーディネート

青いデニムにシックなネイビーのジャケットを合わせたコーデ。色のグラデーションにもなっています。ネイビーとグレーは相性がいいので、中はグレーのトップスにしました。黒のバッグと靴で全体を引き締めています。

Jacket / LIDNM
Shirt / STEVEN ALAN
Tank top / LIDNM
Pants / YAECA
Shoes / Dr.Martens
Bag / KAIKO
Accessory / KAIKO（腰）

6

2色でかっこよくなる

黒と白で構成するモノトーンコーデをかっこよく決めるコツは「シルエットに気をつける」ことです。

そもそも黒と白の2色は色として綺麗めに属しています。なので、トップスもパンツも綺麗めなシルエット、つまりジャストサイズのアイテムにすると、フォーマルになりすぎたり、堅苦しい、かっちりした味気ない雰囲気になってしまうんです。

「上下のどちらか、または両方をゆるっとしたシルエットにする」、これがポイントです。大きめのトップスにしたり、ワイドパンツにしたりしてAかVのシルエットを心がける。またはどちらもゆるっとしたものにしてみても中和されたコーデになります。

この基本にプラスして、夏は、個性のあるアイテムにする、小物で遊ぶも心がけてみてください。さらにモノトーンコーデはバッグの色に迷いません！

モノトーンコーディネート

CHECK
ゆるっとした
シルエット

CHECK
アクセサリーで
アクセント

CHECK
ゆるっとした
シルエット

モノトーンコーデのコツ、シルエットを意識して、上下両方ゆるっとしたアイテムでまとめました。ジャケットもパンツも黒にする場合は、インナーやスニーカーのソール部分などで白を見せていきましょう。

Jacket / LIDNM
T-shirt / UNIQLO
Pants / monkey time
Shoes / CONVERSE
Accessory / Hender Scheme(腰)

7

3色の基本

モノトーンはほかに何か1色加えるのが簡単な色の組み合わせです。

そうはいっても、何色を追加するといいかな、と迷うときは

- 黒・白・ネイビー（青）
- 黒・白・ベージュ
- 黒・白・赤
- 黒・白・カーキ

などの組み合わせを試してみてください。トップスやアウターで黒・白以外の色を1色入れるのもいいですが、靴下で色を入れるのもお洒落です。特に大きな面積で取り入れるのはちょっと勇気がいるというような色を靴下で取り入れることもぜひやってみていただきたいです。

モノトーンに青を加えたコーデ。デニムジャケットで青を入れています。迷ったときはまず「白黒青」でコーディネートを組んでみてください。黒スキニーも合いますが、テーパードパンツにして個性を出しています。

Jacket / UNIQLO×JWA
T-shirt / UNIQLO
Pants / LIDNM
Socks / UNIQLO
Shoes / VANS
Necklace / Vintage

モノトーンに赤を加えたコーデ。靴下で赤を入れています。青よりも取り入れにくい、はっきりした明るい色は全体をモノトーンでまとめて、靴下で取り入れるのがおすすめです。

T-shirt / WILLY CHAVARRIA
Tank top / LIDNM
Pants / LIDNM
Socks / UNIQLO
Shoes / Reebok
Watch / Daniel Wellington
Necklace / Studious

8

青とキャメルを意識

お洒落に見える色として白・黒をひたすら推し続けているのですが、ほかに取り入れやすいのがアースカラーです。

土や森など自然にある色なので、なじみます。キャメル・ベージュ、ネイビー・青、ブラウン、カーキといった色ですね。

ネイビーなどは春もおすすめですが、キャメル・ベージュは特に秋に合う色です。取り入れるだけで秋っぽさが出てくる。色は季節感もあらわせるので、それぞれの時季に合った色をぜひ取り入れてみてください。

アースカラーは白・黒との相性ももちろんよいですが、アースカラー同士でも合わせやすいので、いろいろ組み合わせてみてください。ネイビーとキャメルの組み合わせもよくまとまります。

アースカラー組み合わせコーディネート

アースカラーでまとめたコーデ。黒白に飽きたというときは、アースカラー同士を組み合わせてみてください。今回は青いデニムにベージュのトップスではなく、パンツをベージュにしてみました。

Shirt / Casper John
Tank top / LIDNM
Pants / LIDNM
Socks / UNIQLO
Shoes / Dr.Martens
Bangle / Hermès(左) Vintage(右)
Watch / LOBOR

9

柄は1箇所に抑える

まず柄も3色以内のものを選ぶというのが、柄をコーディネートに取り入れるときのポイントです。たくさんの色が入った柄はうまくほかのアイテムを組み合わせないとダサくなる可能性が高まります。

そして柄はコーディネートの中の1箇所にすること。つまり柄と柄を組み合わせないということです。

まず柄の取り入れ方に迷ったら、シャツやマフラーなど小物で柄を入れることからやってみて。

チェックやストライプなどの定番柄や、模様のような柄などいろいろあるので、好きな柄をさがしてみてください。

そしてその年ごとにトレンドの柄も存在するのでぜひリサーチしてみてください。

柄を入れたコーディネート

個性的な柄ジャケットのときはほかのアイテムの色合いやシルエットを抑えめかつシンプルにしています。柄は全体の1箇所だけ、3色以内にしているので、ぐちゃぐちゃせず、バランスよくまとまりました。

Jacket / URU
T-shirt / UNIQLO
Pants / ZOZO
Socks / UNIQLO
Shoes / Needles by Troentorp
Accessory / zZz(腰)
Necklace / Maison Margiela

10

鮮やかな色の取り入れ方

モノトーンは本当に合わせやすくて便利なのですが、もっとほかの色を取り入れたい！と思うことがあると思います。

色も柄と同様、トップスや小物で取り入れるのがおすすめです。

また鮮やかな色を取り入れたいけど、緊張するという場合は、ニットやパーカーなどアウターの下に着るものをカラーにするのが、最初は取り入れやすくていいと思います。

春めいてきたら、薄手のアウターの下に黄色のニットなどを入れてちょっと季節感を出したりとか。

明るい色のアイテムを入れるときは、ほかをできるだけ綺麗めでシンプルなアイテムでそろえるのがポイントです。

明るい色を入れたコーディネート

CHECK
アウターの
下のアイテムを
カラーにする

CHECK
カラーアイテム以外は
シンプルなアイテムに

鮮やかな明るい色のパーカーを着るときは、それ以外のアイテムはシンプルに、色も落ち着かせています。今回は明るい青のパーカーなので、アウターとパンツはネイビーでワントーンコーデです。

Jacket / UNIQLO
Hoodie / Undefeated
Pants / ZOZOTOWN
Shoes / Hender Scheme
Accessory / zZz(腰)

CHAPTER 6

accessory

細部に気を配っている様子を小物で演出する

1 小物で印象を変える

人からお洒落だと思われるポイントの1つに「細かいところまで気を配っているように見せること」があるということはすでにお話ししてきています。

そして、「コーディネートの細部にも手を抜いていないな」と思われる方法には、小物に気を配ることも挙げられます。

たくさん小物をそろえることは大変かもしれませんが

- バッグ
- 腕時計
- バングル
- アクセサリー(リング、ピアス、ブレスレット、キーリングなど)

●タンクトップ
は複数そろえておくと、お洒落な人に見られます。
ほかにも季節物として
●サンダル
●マフラー・スヌード
を持っておくと、コーディネートの幅が広がります。
この章では持っておくと印象が変わる小物を紹介いたします。
小物は服に比べると安いことが多いので、いろいろな種類を集めてみて！

小物に手を抜かないことがお洒落な人に見せるポイント

2　リュック以外のバッグを持つ

休日に出かけるときは小さめのバッグを持つのがいいと思っています。たぶんみなさんリュックって持っていると思うのですが、休日にリュックはダサいわけではないけど、お洒落には見えにくいんですね。たしかにリュックは1つあると便利かもしれないけれど、パーカーにリュックだとハイキングに行くのかな？と見えてしまったりするし、いつも同じリュックだと服に気を使っていないのかな？と思われるおそれもあります。なので遊びに行くときなどはリュックではないものをぜひ持ってみてください。サコッシュとかトートバッグやボディバッグなど。

いろいろなコーディネートに合わせやすい色はやはり黒、それからアースカラーです。色を加えるならオレンジのバッグは意外に使いやすいです。その時期によって必ずトレンドのバッグがあるので身につけてみてください。

カジュアル

綺麗め

3 手元は意外と見られている

僕は「首元」「手首」「足首」の〝3首〟の重要性をよく言っているのですが、これらの〝首〟を意識するだけで細かいところを意識している人になれます！

特に夏は手首をほうっておいてはダメ!!

手首には腕時計とバングルです。

綺麗めな腕時計はカジュアルになりがちな夏のコーディネートの中和にも活躍します。文字盤が白の丸型でベルトが革なものなどが使いやすいと思います。文字盤が白の時計はコーディネートに白色を足したいときにも重宝します。

カジュアルな時計とは大きめで存在感の強いもの。ただこうした腕時計はカジュアル度がかなり高いので綺麗めに合いにくく、中和にはやや使いにくい。

バングルはシルバーのものが何にでも合いやすいです。

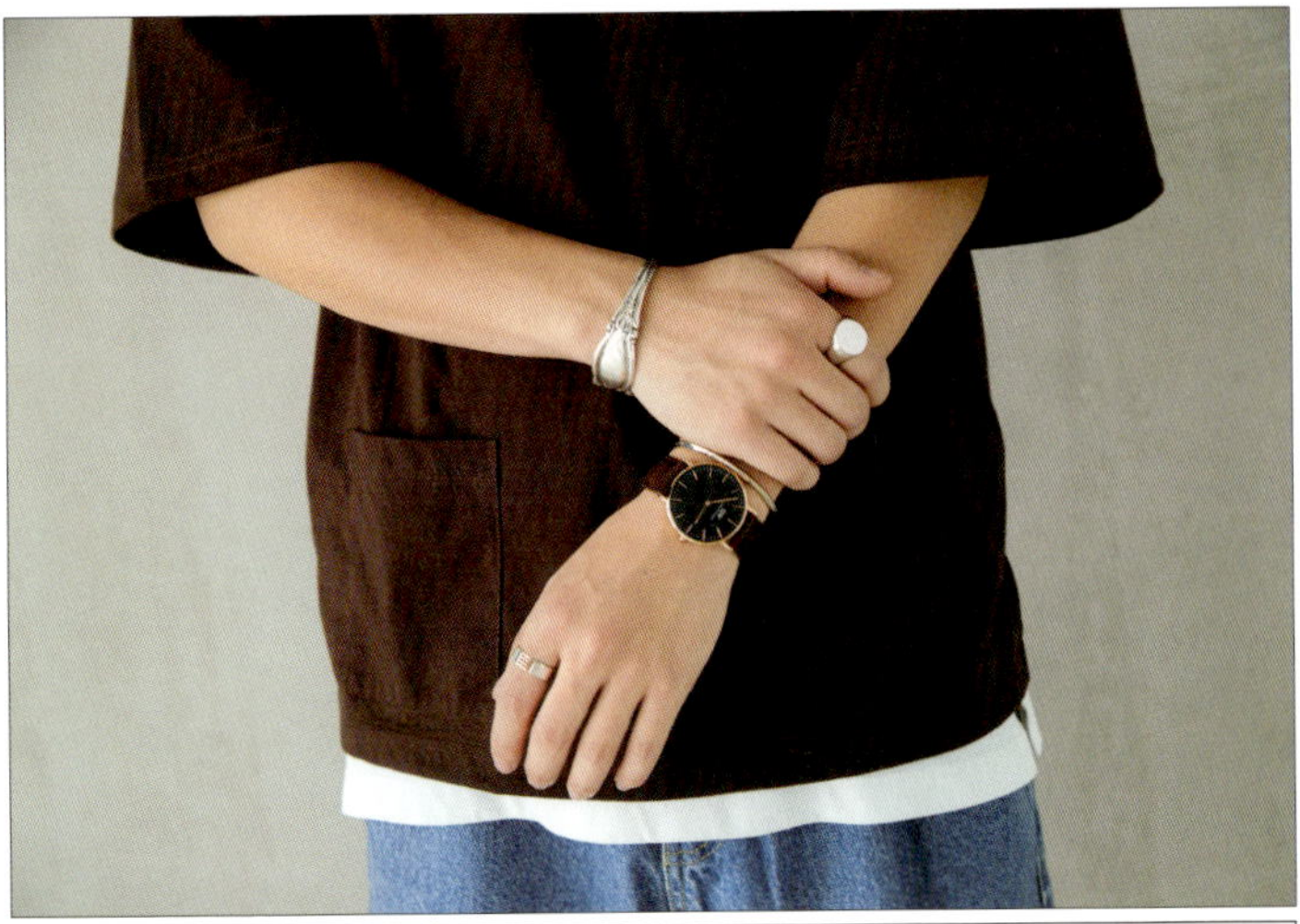

腕時計・綺麗め

腕時計・カジュアル

バングル

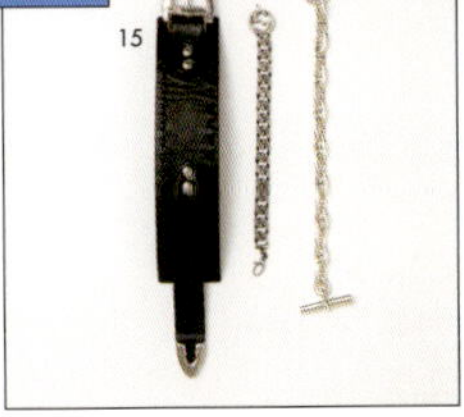

1~5 / Daniel Wellington, 6~8 / LOBOR, 9 / PAUL HEWITT, 10 / G-SHOCK, 11/ Vintage, 12 / LIDNM, 13~14 / Daniel Wellington, 15 / TOGA, 16 / GUCCI, 17 / HERMÈS

4

腰元に目を惹きつける

僕は腰元の大事さも声を大にして言いたい！

ベルトとキーチェーンを使ってみてください。

僕はけっこうベルトなしでもはけるパンツなどが好きなのですが、Tシャツなどをタックインするときにはベルトを使いましょう。基本的に太いベルトはビジネスシーンを彷彿とさせるため、細いベルトを使います。タックインはシルエットを変えることができます。

またパンツにキーリングなどアクセサリーチェーンをつけると、アクセントになって、お洒落に見えます。これも手軽なのでぜひやってみてください。アクセサリーチェーンは数種類あるとバリエーションが出てきます。

さらには、長めのタンクトップを使うとレイヤードもできておすすめ。

キーチェーン

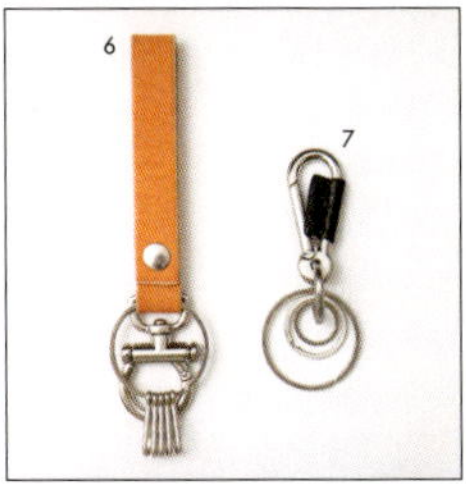

ベルト

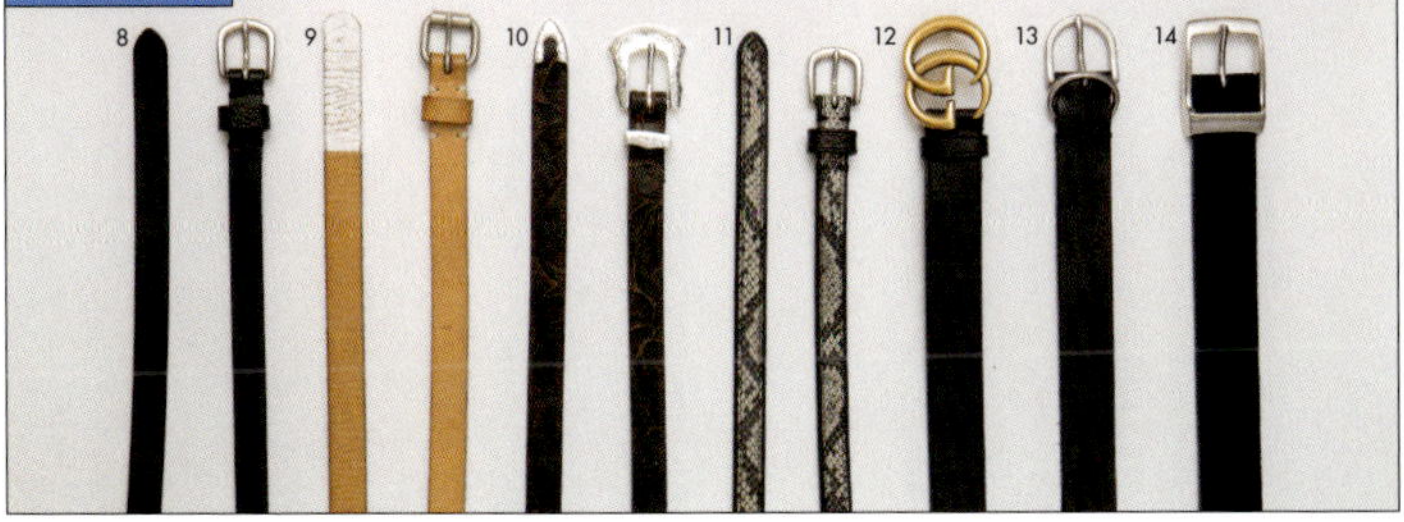

1 / zZz, 2 / KAIKO, 3 / master piece, 4,8,11 / LIDNM, 5 / zZz, 6~7 / Hender Scheme, 9 / Dulcamara, 10 / monitaly, 12 / GUCCI, 13~14 / UNIQLO

5

レイヤードの魔法

タンクトップは本当に持っておくべきアイテムです！　オープンカラーのシャツの下に着たりするイメージだと思うのですが、絶対に試していただきたいのが、タンクトップをインナーとして着て、レイヤードすることです。

例えばニットやパーカー、Tシャツの下にタンクトップを着て、タンクトップの裾がそれらのトップスから少し見えるようにする。白いタンクトップを着れば、トップスとボトムスの間にちょっと白が入って、「この人細かいところまでお洒落に気を使っているな」という印象になるんです！

タンクトップの裾には「ボックスカット」と「ラウンドカット」があります。そのときのコーディネートに合わせて、どちらかを選んでみてください。

ITEM 01

タンクトップ・ボックスカット

ボックスカットの方がトップスに合わせやすい。とりあえず迷ったときはボックスカットがおすすめ。

LIDNM

ITEM 02

タンクトップ・ラウンドカット

ボックスカットより合うトップスが限定されますが、その分上手くコーディネートできるとかっこいい。

RAGEBLUE

6

夏の楽しみ、サンダル

サンダルにはたくさんの種類があるのですが、特におすすめなのが、
①エアソールが入ったサンダル
②スポーツサンダル
③シャワーサンダル

歩きやすくて、はいていて疲れないのはスポーツサンダルです。コーディネートに合わせやすいのはやはり黒になりますが、サンダルにもいろいろな形があるので、好きなものを選んでみてください。

サンダルは夏しか楽しめない！　夏は薄着になるので、身につけるアイテム数が冬より少なくなります。なので、サンダルで遊ぶのもいいと思います。実際猛暑の中、靴をはくと暑いですよね。なので思いっきりサンダルを楽しみましょう。

ITEM 01

シャワーサンダル

ITEM 02

エアソール入り

ITEM 03

スポーツサンダル

7 女子受け抜群の冬アイテム、マフラー

「かっこいい男子＝冬はマフラーをしている」というイメージは、少女マンガや恋愛ドラマで女性に刷り込まれているんです。冬はマフラーでお洒落になれる！

冬はマフラーでコーディネートに柄を取り入れるのがいいです。モノトーンとか白・黒・青のコーディネートのときはマフラーの色を選びませんが、トップスやボトムスに色があるのに、さらにボルドーなどのマフラーを巻くとちょっとうるさくなると思います。

巻き方は色々あり、YouTubeでわかりやすく解説していますが、特にこの2つがおすすめ。

前に垂らすか、後ろに垂らすか。

コーディネートによって合う方を選ぶようにしています。

1 / GU, 2 / BEAMS, 4 / BEAUTY&YOUTH UNITED ARROWS, 5 / BEAMS, 6 / GU

マフラー

PATTERN 01

前に垂らす

PATTERN 02

後ろに垂らす

巻き方はこちら

COLUMN 3

清潔感の出し方

人からお洒落だなと思われるポイントの1つに「細かいところまで気を使っている」と思われることがあります。

細かいところを注意していると「清潔感」が出ます。清潔感があると、ファッションもかっこよく見える！

シャツにしわがないとか、シャツやジャケットの袖を折っているとか、パンツの裾をロールアップしているといった、細部への一手間は、清潔感があってお洒落な人と思われるので、ぜひ気をつけていただきたいです。

ここではパンツの裾についてお話ししたいと思います。

①理想はパンツの裾は直す

②裾直しができないときはロールアップをする

この2点を意識してみてください。

黒スキニーは裾を直してちょうどよくする方が足元がすっきりして、革靴や靴下とのコントラストもはっきりします。

裾が直せなかったときはパンツ裾を折ってちょうどいい長さに丈をする「ロールアップ」をしてみてください。

折る幅は1～2㎝でなるべく細めにやってみてください。くるぶしが出るあたりまでが目安です。

しゃがんでロールアップすると、少しパンツが上がった状態になるので、立ったらパンツをいったん下げましょう。

CHAPTER 7

originality

「ちょびこ」で個性を入れて
お洒落をもっと楽しむ

1

人と同じを避ける「ちょびこ」のススメ

僕がおすすめしているファッションはシンプルめだったり、中和を意識しているものですが、こうしたファッションは世の中ですごく増えてきています。

要するにみんな似たようなファッションになってきたなと。

個性がありすぎるファッションは、支持してくれる人もいるけれど、かっこいいと思わない人もいて、9割の人からお洒落と思われるファッションではない。

でもみんなと同じはイヤだ。

では、どうしたらいいのか?

それについて僕は「ちょびこ」を提唱しています。

ちょびっと個性を出す、略して「ちょびこ」。

より多くの方にお洒落になってほしいというのがげんじの願いです。だから個性を出しすぎてしまうと、印象が偏り、お洒落と言われる機会が減ってしまう。

それを避けるために、中和理論に基づいたコーディネートなんですが、

- 靴下で色や柄を入れる
- パンツのシルエットをこだわってみる
- デザインが入ったアイテムを選ぶ

などちょっとだけ個性につながることをコーディネートに盛り込んでみてください。

女性に好きな男性ファッションを聞くと、「シンプルめな服装」と言われることが多いです。他人からの印象が偏らないようにしながら、ぜひシンプルでありつつちょっとしたところで差別化をしてみるといいと思います。

この章では「ちょびこ」のやり方の例を挙げて、ご説明していきたいと思います。

ちょっとだけ個性を出すことで
みんなと同じではなくなる

2 ちょっとどこかが違うアイテムを選ぶ

まず、取り入れやすい「ちょびこ」からご説明いたします。

一見するとよくみんなが持っているアイテムだけど、よく見たらちょっとだけ違っていたり、凝っていたりするようなものを選んでみる。

たとえば

①襟の形をピークドラペルタイプに
②ポケットの位置が特徴的

などです。左の写真のチェスターコートは襟の先が尖っているピークドラペルという形の襟になっています。よくある襟は切れ込みのところが広くて、あまり尖っていないですね。ほかにもよくあるデニムジャケットかと思いきや、ポケットの位置と数が左右対称でない、などよく見るとちょっと人と違うアイテムで「ちょびこ」をしてみてください。

PATTERN 01
襟がピークドラペル

PATTERN 02
Tシャツの裾近くにポケット

PATTERN 03
ポケットの位置が左右非対称

01→p.62, 02→T-shirt / monkey time, Pants / WILLY CHAVARRIA, Shoes / Dr.Martens, Necklace / LIDNM, 03→p.17

3 ちょっと特徴のあるアイテムを投入する

次はちょっと特徴あるアイテムを取り入れたり、コーディネートの中でちょっとしたアクセントを入れることで「ちょびこ」をする方法です。

例えば、

①ちょっとポイントのあるアイテムの投入
②靴下で色を入れる
③ピアスやネックレスといったアクセサリーをつける

などです。左の写真のコートの中に着ているニットはドライバーズニットで、ジップの部分に特徴があって、ちょっとほかと違う感じが出せます。派手めの靴下をはいたり、アクセサリーをつけるのもほかの人との差別化になり、「ちょびこ」につながります。

1

2

3

4

5

6

1→p119, 2→p143, 3→p141, 4,6→すべてUNIQLO, 5→Pants:Adidas

4
色や柄・サイズでちょっと差をつける

パーカーやテーパードパンツなど定番アイテムを華やかな色や、明るめの色の柄にするのも「ちょびこ」です。

入れるカラーでとくにおすすめなのは「オレンジ」と「紫」。派手めな色に思えるかもしれませんが、ほかのアイテムになじみやすくコーディネートしやすい色なんです。

あとはアイテムのサイズ感。

もともとビッグサイズにデザインされているわけではないアイテムも、通常サイズよりゆったり大きめのアイテムを選んでみる。

たとえばユニクロのTシャツだったら、3XL、4XLなど普段選んでいるサイズより3〜4サイズ上を選んでみてください。

PATTERN 01

定番アイテムを華やかに

スウェットを明るい色に。
→p.25

PATTERN 02

サイズを大きく

定番アイテム白Tシャツもサイズで雰囲気が変わる。
→p.29

PATTERN 03

ポイントのあるもの

無地ではなくラインでワンポイントあるニット。
→p.75

5 それどこの？　と聞かれるアイテムを着る

最後は、ほかの人の目を引くアイテムを身につけることです。

どこのブランドのアイテムだろう？　と周りから思われるような印象的なアイテムを着てみてください。

たとえば、左の写真のかなり大きめサイズのパンツや、チェックのアウターなどです。

これらのアイテムは印象に残るので、着回しはしにくいですが、いつもと違うという雰囲気を簡単に出すことができ「ちょびこ」になります。

選ぶときは色が3色以内など基本ルールを守って、中和して着れば、コーディネートはうまくいきます！

1

2

3

1→p48, 2→p101, 3→p100

CHAPTER 8

age

年代に合わせた服でお洒落を楽しむ

1

自分の年齢に合わせてファッションも変えていく

カジュアルと綺麗めの間で中和を、とお伝えしていますが、すべてのコーディネートをそうしろと言っているわけではないんです。そのときの気分やシチュエーションで使い分けてもいいと思っていますし、なにより年齢によってもファッションは変化していきます。

特に10代の若い方はカジュアルが好きな方が多いかと思います。そしてカジュアルなコーデは若いから似合うという面もあります。

また30代くらいになると、カジュアルなアイテムの割合が多いと、なんだか子どもっぽく見えたりもしてしまいます。

さらに20代だと女性からの好感度が高いファッションを意識する場面が多くなるのではないでしょうか。

女性が好きなシンプルめな服装や、細身のパンツでスタイルよく見せたりなど、ファッションでよりモテるようになってもらいたい！

この本でここまでお伝えしてきた、お洒落に見せるための基本は変わりませんが、その中でもそれぞれの年代をより楽しくするファッションのコツをこの章ではお伝えしていきたいと思います。

若ければ若いほど、カジュアルの方が多くてもまぁ大丈夫です。ファッションに大丈夫も何もないけどね。

カジュアルと綺麗めの中和は 年代によって多少割合を変えるとさらにお洒落

2 若い10代はカジュアルを

比較的綺麗めなアイテムが多すぎるコーディネートを10代がしていると、無理している感があったり、何大人ぶってんの？　と思われてしまったりすることがあると思うんです。なので多少カジュアルなアイテムが多めでもいいかなと思います。おすすめアイテムは、

- 白スニーカー
- 柄のマフラー

など。白のスニーカーの爽やかさや、チェックといったわかりやすい柄の可愛さなどは、特に10代の若い方に合いますね。

また、10代だと、まだ身長が伸びきっていない方もいると思うので、スキニーをはいてスタイルアップを心がけてみていただきたい！

柄のマフラー、裏地がオレンジのMA-1、白スニーカーとカジュアルアイテムを組み合わせています。アディダスのスニーカーはスタンスミスではなくスーパースターを選ぶとラインが入っていてよりカジュアル感が出ます。

MA-1 / GU
T-shirt / UNIQLO
Pants / LIDNM
Socks / UNIQLO
Shoes / adidas

3

モテも意識したい20代ファッション

10代に比べてより大人のかっこよさが出てきた20代に合わせていただきたいおすすめアイテムは

- ライダース
- シャツ

など。ライダースはちょっと大人の男性の雰囲気が出て、かっこいいアイテムです。ぜひ取り入れていただきたい。

ライダースの下はTシャツやスウェット、ロンTなどではなく、シャツを合わせることでさらに大人っぽさが出てきます。

恋愛をする機会も多い年頃なので、女性受けのよいIラインシルエットのコーディネートを意識してもいいかもしれません！

POINT
ライダースで
大人のかっこよさを
POINT
デニムで
カジュアルさを
プラス
全体的に黒白青のコーデなので落ち着きが見え、カジュアルなアイテムがデニムくらいなので、綺麗め6：カジュアル4くらいのコーデです。Iラインシルエットで縦のラインがすっきり見えてデート向けです。
Jacket / LIDNM
Shirt / STILL BY HAND
Pants / ZOZOTOWN
Socks / UNIQLO
Shoes / Dr.Martens
Accessory / Hender Scheme（腰）

4

30代の余裕

さらに、綺麗めな雰囲気が似合ってくるのが30代です。色についてもダークトーンやワントーンのコーディネートをよりかっこよく着こなせる年代でもあります。

大人の男の経済力とか落ち着きをファッションからも演出できるといいのではないでしょうか。おすすめのアイテムは

- ステンカラーコート
- 革靴
- 革のバッグ

などです。コートは最初の1着にはネイビーのチェスターコートを僕は推していますが、30代になるといろいろお洒落を楽しんできた結果、ベージュのステンカラーコートにたどり着いた感が出ているのもお洒落かなと思います！

10代20代であればロングコートにスキニーを合わせるところをワイドパンツと合わせて全体にゆるっとした雰囲気、余裕を醸し出しました。タンクトップをレイヤードすることでブラウンのワントーンコーデの中に白がポイントで入ってきてお洒落です。

Coat / AURALEE
Knit / KAIKO
Tank top / UNIQLO
Pants / Steven Alan
Shoes / Paraboot
Bag / LIDNM

COLUMN 4

雰囲気でイケメンになる

僕はイケメンではないけれど、ファッションの楽しさを知ってからいろいろな努力を自分なりにしてみました。コンプレックスがあって今の自分を変えたい人にお伝えしたいのは、「俺は変われるんだ！」という強い衝撃を自分に与えてみることの大切さです。僕がしてきたことはこんなことです。

・髪型を変える

ヘアセットを覚えることです。僕は髪を伸ばして、ＹｏｕｔｕｂｅなどでヘアセットがK上手な人の動画を見て真似をしていきました。髪が短いと顔の輪郭が目立つので、髪を伸ばして、ワックスやヘアアイロンを買って、見よう見まねでやってみました。髪を伸ばした状態で東京に出てきて、美容師さんに髪を切ってもらうとかも、思い切ってやってみると変わるきっかけになります。

・キレイめな洋服を買う

ジャケットとかシャツとかコートなど、綺麗めな洋服を意識して着るようにしていきました。

・顔

僕は顔がパンパンだったので、リンパを流す方法を調べてやっていました。男で「リンパ気にしてます」と聞くと、えっと思うかもしれないですが、すごい衝撃です！　顔のむくみを流すと本当に朝起きたときが違います。あとは、眉を整えること。「イケメン眉毛」などの言葉でネットを検索して、形や整え方を参考にしていました。

努力をして、自分に自信を持てれば
ポジティブに過ごせる

『人は誰でも変われる。』

よく耳にする言葉だと思います。そして何人もの人がこれまで様々な形で「変わろう」と決意してきたのではないでしょうか。

とはいえ変わることには物凄いモチベーションと根気と行動力が必要になってきます。その3つがともなわないと、言い訳や妬みに逃げてしまい、一向に問題解決に繋がらなくなってしまいます。

今皆さんがもし本書を最後まで読んでくださり、この文章をご覧になっているとすれば、超強力な魔力が詰まった魔法の杖を持った状態です。

そこからその杖をどう使うか皆さん次第です。

兄弟に教えるでもいいし、友達に教えるでもいいし、今後の人生のファッションの軸にしていただくのでもいい。

ファッションは驚く程に自由です。

難しく考えずに、この本を読む前よりも、今あなたが服のことを考え、自分のことについて考えているのであれば、それは大きな前進です。

どうかその歩みを止めずに、沢山の洋服を着て思いっきりファッションと人生を楽しんでいただけたらこれ以上嬉しいことはありません。

そうすれば自然と自信はより大きく身についてるはずです。

そして全く関係ないことでも、出来なかったことが出来たり、諦めていたことに少し挑戦してみる勇気を持ち始められるはずです。

ファッションのことを難しく考える人は多いですが、たかがファッションなんです。大切なのはファッションによって変われた先になにをするかだと思います。

僕は今後も皆さんの人生がより有益な時間になる為にこれからも発信し続けます。

変わろうとすることにいつだって早すぎることもなければ遅過ぎることはないのです。本書がその行動を起こすきっかけとなり、世界中の男性が「お洒落だね」と言われる一助となれば嬉しいです

２０１９年12月　げんじ

げんじ
Youtube、Instagram、WEAR、TwitterなどさまざまなSNSでコーディネートやファッション情報を発信している、メンズファッションインフルエンサー。

ファッションコーディネートアプリ「WEAR」の公式ユーザー、ウェアリスタのトップとして活動し、2016年5月にYoutubeチャンネルを開設。WEARのフォロワー数65万人、Youtubeのチャンネル登録者数53万人など、総フォロワー数は150万人を超える。

2017年には自身が手掛けるブランド「リドム(LIDNM)」を立ち上げ、初年度から約10億円の売上。毎年規模を拡大している。

夢は一人でも多くの方にファッションの楽しさを知っていただき、日本中をおしゃれにすること。

9割《きゅうわり》の人《ひと》からお洒落《しゃれ》と言《い》われる法則《ほうそく》
2019年12月20日　初版発行

著者／げんじ
発行者／川金正法
発行／株式会社KADOKAWA
〒102-8177　東京都千代田区富士見2-13-3
電話0570-002-301(ナビダイヤル)
印刷所／大日本印刷株式会社

●お問い合わせ
https://www.kadokawa.co.jp/ (「お問い合わせ」へお進みください)
※内容によっては、お答えできない場合があります。
※サポートは日本国内のみとさせていただきます。
※Japanese text only

定価はカバーに表示してあります。

ISBN 978-4-04-604513-3 C0077